两希文明哲学经典译丛

包利民 章雪富 主编

柏拉图杂篇

柏拉图　著

吴光行　译疏

*Philosophical
Classics of
Hellenistic-Roman
Times*

中国社会科学出版社

图书在版编目(CIP)数据

柏拉图杂篇 / 柏拉图著；吴光行译疏 . —北京：中国社会
科学出版社，2017.8

（两希文明哲学经典译丛 / 包利民 章雪富主编）

书名原文：Plato's Miscellaneous Works

ISBN 978-7-5161-6668-0

Ⅰ.①柏… Ⅱ.①柏…②吴… Ⅲ.①柏拉图（前 427～
前 347）—哲学思想—研究 Ⅳ.①B502.232

中国版本图书馆 CIP 数据核字(2015)第 166968 号

出 版 人	赵剑英
责任编辑	凌金良　陈　彪
责任校对	朱妍洁
责任印制	张雪娇

出　　版	中国社会科学出版社
社　　址	北京鼓楼西大街甲 158 号
邮　　编	100720
网　　址	http：// www.csspw.cn
发 行 部	010－84083685
门 市 部	010－84029450
经　　销	新华书店及其他书店

印刷装订	环球东方（北京）印务有限公司
版　　次	2017 年 8 月第 1 版
印　　次	2017 年 8 月第 1 次印刷

开　　本	650×960　1/16
印　　张	13
插　　页	2
字　　数	147 千字
定　　价	39.00 元

2016 年再版序

　　我们对哲学的认识无论如何都与希腊存在着关联。如果说人类的学问某种程度上都始于哲学的探讨，那么也可以说，在某种程度上我们都是希腊的学徒。这当然不是说希腊文明比其他文明更具优越性和优先性，而只是说人类长时间以来都得益于哲学这种运思方式和求知之道，希腊人则为基于纯粹理性的求知方式奠定了基本典范，并且这种基于好奇的知识探索已经成为不同时代人们的主要存在方式。

　　希腊哲学的光荣主要是与苏格拉底、柏拉图和亚里士多德联系在一起。这套译丛则试图走得更远，让希腊哲学的光荣与更多的哲学家——伊壁鸠鲁、西塞罗、塞涅卡、爱比克泰德、斐洛、尼撒的格列高利、普卢克洛、波爱修、奥古斯丁等名字联系在一起。在编年史上，他们中的许多人已经是罗马人，有些人在信仰上已经是基督徒，但他们依然在某种程度上，或者说他们著作的主要部分仍然是在续写希腊哲学的光荣。他们把思辨的艰深诠释为生活的实践，把思想的力量转化为信仰的勇气，把城邦理念演绎为世界公民。他们扩展了希腊思想的可能，诠释着人类文明与希腊文明的关系。

　　这套丛书被冠以"两希文明哲学经典译丛"之名，还旨在显示希腊文明与希伯来文明的冲突相生。希腊化时期的希腊和罗马时代的希腊已经不再是城邦时代的希腊，文明的多元格局为哲学的运思和思想的道路提供了更广阔的视域，希腊化罗马时代的思想家致力于更具个体性、时间性、历史性和实践性的哲学探索，更倾心于在一个世俗的世界塑造一种盼望的降临，在一个国家的时代奠基一种世界公民的身份。在这个时代并且在后续的世代，哲学不再只是一个民族的事业，更是人类知识探索的始终志业；哲学家们在为古代哲学安魂的时候开启了现代世界的图景，在历史的延续中瞻望终末的来临，在两希文明的张力中看见人类更深更远的未来。

　　十年之后修订再版这套丛书，寄托更深！

　　是为序！

包利民　章雪富
2016 年 5 月

2004 年译丛总序

　　西方文明有一个别致的称呼，叫做"两希文明"。顾名思义是说，西方文明有两个根源，由两种具有相当张力的不同"亚文化"联合组成，一个是希腊—罗马文化，另一个是希伯来—基督教文化。国人在地球缩小、各大文明相遇的今天，日益生出了认识西方文明本质的浓厚兴趣。这种兴趣不再停在表层，不再满意于泛泛而论，而是渴望深入其根子，亲临其泉源，回溯其原典。

　　我们译介的哲学经典处于更为狭义意义上的"两希文明时代"——即这两大文明在历史上首次并列存在、相遇、互相叩问、相互交融的时代。这是一个跨度相当大的历史时代，大约涵括公元前 3 世纪到公元 5 世纪的 800 年的时间。对于"两希"的每一方而言，都是一个极具特色的时期，它们都第一次大规模地走出自己的原生地，影响别的文化。首先，这个时期史称"希腊化"时期；在亚历山大大帝东征的余威之下，希腊文化超出了自己的城邦地域，大规模地东渐教化。世界各地的好学青年纷纷负笈雅典，朝拜这一世界文化之都。另外，在这番辉煌之下，却又掩盖着别样的痛楚；古典的社会架构和思想的范式都在经历着剧变；城邦共和体系面临瓦解，曾经安于公民德性生活范式的人感到脚下不稳，感到精神无所归依。于是，"非主流"型的、非政治的、"纯粹的"哲学家纷纷涌现，企图为个体的心灵宁静寻找新的依据。希腊哲学的各条主要路线都在此时总结和集大成：普罗提诺汇总了柏拉图和亚里士多德路线，伊壁鸠鲁/卢克来修汇总了自然哲学路线，怀疑论汇总了整个希腊哲学中否定性的一面。同时，这些学派还开出了与古典哲学范式相当不同的，但是同样具有重要特色的新的哲学。有人称之为"伦理学取向"和"宗教取向"的哲学，我们称之为"哲学治疗"的哲学。这些标签都提示了：这是一个在剧变之下，人特别关心人自己的幸福、宁静、命运、个性、自由等的时代。一个时代应该有一个时代的哲学。那个时代的哲学会不会让处于类似时代中的今人感到更多的共鸣呢？

与此同时，东方的另一个"希"——希伯来文化——也在悄然兴起，逐渐向西方推进。犹太人在亚历山大里亚等城市定居经商，带去独特的文化。后来从犹太文化中分离出来的基督教文化更是日益向希腊—罗马文化的地域慢慢西移，以至于学者们争论这个时代究竟是希腊文化的东渐，还是东方宗教文化的西渐？希伯来—基督教文化与希腊文化是特质极为不同的两种文化，当它们最终相遇之后，会出现极为有趣的相互试探、相互排斥、相互吸引，以致逐渐部分相融的种种景观。可想而知，这样的时期在历史上比较罕见。一旦出现，则场面壮观激烈，火花四溅，学人精神为之一振，纷纷激扬文字、评点对方、捍卫自己，从而两种文化传统突然出现鲜明的自我意识。从这样的时期的文本入手探究西方文明的特征，是否是一条难得的路径？

此外，从西方经典哲学的译介看，对于希腊—罗马和希伯来—基督教经典的译介，国内已经有不少学者做了可观的工作；但是，对于"两希文明交汇时期"经典的翻译，尚缺乏系统工程。这一时期在希腊哲学的三大阶段——前苏格拉底哲学、古典哲学、晚期哲学——中属于第三阶段。第一阶段与第二阶段分别都已经有了较为系统的译介，但是第三阶段的译介还很不系统。浙江大学外国哲学研究所的两希哲学研究与译介传统是严群先生和陈村富先生所开创的，长期以来一直追求沉潜严谨、专精深入的学风。我们这次的译丛就是集中选取希腊哲学第三阶段的所有著名哲学流派的著作：伊壁鸠鲁派、怀疑派、斯多亚派、新柏拉图主义、新共和主义（西塞罗、普鲁塔克）等，希望为学界提供一个尽量完整的图景。同时，由于这个时期哲学的共同关心聚焦在对"幸福"和"心灵宁静"的追求上，我们的翻译也将侧重介绍伦理性—治疗性的哲学思想；我们相信哲人们对人生苦难和治疗的各种深刻反思会引起超出学术界的更为广泛的思考和关注。另一方面，这一时期在希伯来—基督教传统中属于"早期教父"阶段。犹太人与基督徒是怎么看待神与人、幸福与命运的？他们又是怎么看待希腊人的？耶路撒冷和雅典有什么干系？两种文明孰高孰低？两种哲学难道只有冲突，没有内在对话和融合的可能？后来的种种演变是否当时就已经露出了一些端倪？这些都是相当有意思的学术问题和相当急迫的现实问题（对于当时的社会和人）。为此，我们选取了奥古斯丁、斐洛和尼撒的格列高利等人的著作，这些大哲的特点是"跨时代人才"，他们不仅"学贯两希"，而且"身处两希"，体验到的张力真切而强烈；他们的思考必然有后来者所无法重复的特色和原创性，值得关注。

　　以上就是我们译介"两希文明"哲学经典的宗旨。

另外，还需要说明两点：一是本丛书中各书的注释，凡特别注明"中译者注"的，为该书中译者所加，其余乃是对原文注释的翻译；二是本译丛也属于浙江大学跨文化研究中心系列研究计划之一。我们希望以后能推出更多的翻译，以弥补这一时期思想经典译介之不足。

包利民　章雪富
2004 年 8 月

你凝望着众星，我的阿斯忒耳啊；我多么希望我是天空，那样的话我就可以用千万双眼睛看着你！

——柏拉图杂篇·箴言之一

我们离开了爱琴海怒吼的波涛，躺在厄克巴塔纳平原中间。再见了，闻名遐迩的厄瑞特里亚，我们的祖邦。再见了，雅典，优波亚的邻居。再见了，心爱的大海。

——柏拉图杂篇·箴言之一

目 录

第三辑　箴言集

第四辑　悲剧残句集

中译者导言

　　本书是对柏拉图"杂篇"的译疏。它收录的是被公认为属于柏拉图本人作品以外的、可能属于"托名作品"的"杂篇"。从学者的各种研究看，它们属于希腊化时期柏拉图派思想家们的作品。所以，收入"两希文明哲学经典译丛"，可以丰富我们对当时哲学图景的认识，尤其是加深对柏拉图学派在当时的发展的理解。当然，反过来它也能帮助我们更好理解柏拉图本人的哲学。①

　　在第欧根尼·拉尔修的《名哲言行录》（*Lives of Eminent Philosophers*）中记载了施剌绪尔罗斯（又译作"塞拉绪卢""色拉叙罗斯""忒拉绪洛斯"）的《柏拉图全集》"九卷集"的编辑体例，据说这是有记载的《柏拉图全集》最早的编辑体例。他按照

---

　　① 比如，通过对杂篇中"定义集"里一些定义的学习，人们可以进而体会柏拉图学派在定义问题上所体现出来的哲学旨趣，可以为更好地理解柏拉图对话中的一些相关概念提供一些较为直观的印象。再有，本书的第二辑"托名作品集"中所讨论的关于"正义""德性""常识中的真实""建议与探索的不同""变形""财富""苏格拉底的安慰法"等问题则与柏拉图的一般性对话直接相关。通过对它们的学习，可以促使读者沿着这些问题进一步深入到柏拉图的思想大厦中去。此外，对于"箴言集"和"悲剧残句"的学习，可以让我们体会作为诗人的柏拉图的独特品质。

古希腊悲剧诗人的四联剧形式，把柏拉图所有作品编成 9 卷，每卷 4 篇，共 36 篇。施刺绪尔罗斯将柏拉图的全部著作编为"九卷集"。笔者对独立于"九卷集"以外的所有归于柏拉图名下的文稿加以搜集整理，以"杂篇"名之（或者也可以说是"杂卷""末卷""尾卷"。如果我们顺着"九卷集"的体例，亦可称之为"柏拉图著作第十卷"）。呈现在读者面前的这部著作就是对这些文本的整理汇编、翻译和注疏。

当今权威的由库珀（J. M. Cooper）和哈钦森（D. S. Hutchinson）主编的《柏拉图全集》英译本完全依照了这种编辑体例。不过它在第九卷第四篇《书信篇》（Letters，又译为《信札集》《书信》《书简》）的后面还附录了一些归名于柏拉图的其他作品，库珀的《柏拉图全集》所收录的柏拉图杂篇内容可以说是最为丰富的，但是它的《箴言集》部分只收录了 18 条箴言，而且没有收录"悲剧残句"。其他一些学者编订的柏拉图著作集则只收录少数的箴言，不收录"悲剧残句"，而且一般都没有收录 7 篇托名作品中的《亚尔库温篇》。笔者则收录了所有这些文稿。就文稿篇名而言，柏拉图著作汇编者们一般只有简单、单一的标题。笔者不仅把所有文本统一地编成 4 个小辑，分别拟定小辑的标题，而且还依据施刺绪尔罗斯的编辑体例，为 7 篇托名作品都拟定了主标题和副标题。进一步，为了便于读者阅读和把握，笔者还为所有杂篇文稿划分了章节并拟定了小标题。

根据笔者所收集到的古希腊语原文文稿来看，柏拉图杂篇包括《定义集》《托名作品集》《箴言集》和《悲剧残句集》4 个部分，笔者将其各编成 1 个小辑。第一辑《定义集》是一部包含约 185 个哲学上很重要的词条的小词典，由两部分单独的集子组成，笔者把它们分成4个部分：自然哲学定义、伦理学定义、认知和语言哲学定义、杂录定义。然后对其进行了翻译和疏解研究。第二辑《托名作品集》是本书的主体部分，包含7篇极具特色的对话：第一篇《说唱人篇》探讨正义问题，主要论题是不正义者不正义是否自愿；第二篇《爱马者篇》由探讨德性是什么转入对德性是否可教的探讨；第三篇《德莫哆科斯篇》由4个相对独立的部分构成，探讨现实生活中与常识相关的真实性问题；第四篇《西绪福斯篇》探讨与自知无知的探索不同的"谏议"问题；第五篇《亚尔库温篇》是一篇由一个人转变成鸟的传说而引发的关于"变形"问题的探讨，在7篇对话中篇幅最短；第六篇《厄律克西雅斯篇》是篇幅最长且在创作上和柏拉图自己的"苏格拉底式"对话一样极为周密细致的对话，探讨德性与财富的问题；第七篇《阿克西奥廓斯篇》是一篇安慰文体的对话，对一个临终将死的人进行安慰，探讨死亡问题。笔者对这7篇对话录进行了翻译和较为详尽的疏解与研究。第三辑《箴言集》是由33首诗体文构成的挽歌对句集，韵味深长，含义隽永，在道德上确有发人深省的深刻含义。第四辑《悲剧残句集》由3条具有深刻悲剧张力的残句构成，具有悲喜剧交融的特点。第三、第四辑文字有明显的文学色彩，同时也和《格言集》一样由孤立的句子构成，比较难以解读。笔者尝试对它们进行了翻译与疏解。

由于可供研究的参考资料相当贫乏，本书应当说是柏拉图杂篇研究的一个开端，它的目的是为笔者以及与笔者有同样兴趣的读者和学者们提供一个可资深入研究的文本。书中的翻译部分以英文为主，并参考希腊语原文；在没有英文翻译的情况下由笔者依据希腊语原文加以翻译，这主要包括第三辑的部分诗句和第四辑的全部残句。我们在翻译注疏和篇名标题的拟定上不可避免地会有某种主观性。笔者真诚希望得到方家指点，以便在以后的研究中能进一步改进和完善。

最后，我想讲一下柏拉图杂篇的研究状况，以帮助读者更好地理解这些文本的背景。

公元 1 世纪的施剌绪尔罗斯（Thrasyllus）是第一个整理柏拉图对话的人，他收集了 35 篇柏拉图对话，还有 9 封书信集，合为 36 篇，按 4 篇 1 组划分，分成 9 组，从而开创了"九卷集"编辑体例，后来的《九章集》就沿袭了这种体例。当时还有一些流传的归属柏拉图名下的文章，但是施剌绪尔罗斯认为它们是伪作，仅作为附录收入。洛布（Loeb）希英对照古典丛书没有收录这些"伪作"。最早的由乔伊特（Jowett）译的英文版全集也没有收录"伪作"。20 世纪中期比较流行的由哈密尔顿（Hamilton）和卡恩斯（Cairns）编订的柏拉图著作选集也没有收录"伪作"。《柏拉图注疏集》出版说明中也①指出，古典学界约在大半个世纪前已开始认识到，怀疑古人得不偿失，回到古传的柏拉图"全集"体例在古典学界几乎已成共识，"说明"中列举了法国和德国的编辑情况：莱斯·贝尔斯·莱特瑞斯 (Les Belles Lettres) 自 20 世纪 20 年代陆续出版了希法对照笺注本全集 *Platon*（Euvres copmlètes），厄瑞布·罗文基尔（Erich Loewenthal）在 40 年代编成了德译《柏拉图全集》，它们均为"36 篇加上托名作品 7 篇"的编辑体例。它们全都提到了现在新出的当今权威的由库珀（John M. Cooper）和哈钦森（D. S. Hutchinson）编的《柏拉图全集》（*Plato: Completed Works*，Hackett Publishing

---

① 柏拉图：《阿尔喀比亚德》，梁中和译，华夏出版社 2009 年版。

Company，1984），它完全依照"九卷集"体例，它的 1997 年版收录了《定义集》、7 篇"托名作品"和 18 条诗体文"箴言"（Epigrammata）。我们还可以看到由伯内特（J. Burnet）编订的希腊文注释版的《柏拉图全集》（*Platonis Opera*，Oxford University Press，1900），其中收录了《定义集》和除了《亚尔库温篇》以外的其他 6 篇"托名作品"。另外，电子软件"希腊语文献大全"［TLG（Thesaurus Linguae Graecae）Workplace 9. 02. Silver Mountain Software］中所收录的柏拉图文稿，不仅收录了《箴言集》和 6 篇"托名作品"，还收录了另外一些"箴言"和 3 条"悲剧残句"（Fragmenta tragica）。

学术界对"杂篇"的研究著述情况，与柏拉图主要哲学对话的研究著述相比，如果说后者可谓是汗牛充栋的话，那么前者则几乎可以说是凤毛麟角。根据笔者目前所掌握的资料分析，西方学界对杂篇的研究主要体现在对原典文本的考证、勘定、翻译和注疏等方面。具体而言，康福德（Cornford F. M.）的"［Plato］Eryxias 393B"和保罗·肖雷（Paul Shorey）的"Emendation of ［Plato］Sisyphus 390 C"等文章对杂篇中的字词进行了考证。[①] 亨利·约翰斯顿（Henry W. Johnstone）的"A Homeric Echo in Plato?"试图揭示古代史料之间的互相印证[②]。泰特（Tate J.）、戴维斯（Davis B. E. C.）等学者撰文考

[①] Cornford F. M.，［Plato］Eryxias 393B, *The Classical Review*，Vol. 46，No. 4（Sep.，1932），Cambridge University Press，p. 156；Shorey P.，Emendation of ［Plato］Sisyphus 390 C, *Classical Philology*，Vol. 26，No. 2（Apr.，1931），The University of Chicago Press，pp. 202 - 203.

[②] Johnstone H. W.，A Homeric Echo in Plato? *Mnemosyne*，*Fourth Series*，Vol. 44，Fasc. 3/4（1991），BRILL，pp. 417 - 418.

证了杂篇著作的翻译问题。^① 在这些校勘考证的文章之外，还有专门性的研究文章，如艾希霍尔兹（Eichholz D. E.）撰文专门研究了托名作品《厄律克西雅斯篇》^②，齐厄弗·提姆（Tim O'Keefe）撰文专门研究了托名作品《阿克西奥廓斯篇》^③。相对而言，在所有关于柏拉图杂篇的研究性文章中，关于《阿克西奥廓斯篇》的最多，这可能是与它所讨论的主题"死亡和不朽"（On Death and Immortality）的重要性有关。以上这些文章都是进行杂篇研究极为重要的宝贵资料。对柏拉图杂篇作品进行了比较系统的专门汇编和研究的专著主要有两部：一部就是由库珀和哈钦森编的《柏拉图全集》（*Plato：Complete Works*）^④，它对杂篇的研究只限于由两位编者所写的导读介绍；另一部是由乔治·伯格斯（George Burges）编译的"新出直译版"《柏拉图著作

---

① Tate J. , The Axiochus by E. H. Blakeney, *The Classical Review*, Vol. 51, No. 5 (Nov. , 1937), Cambridge University Press, pp. 175 – 176.

Davis B. E. C. , The Axiochus of Plato by Edmund Spenser; Frederick Morgan Padelford; *Plato*, *The Modern Language Review*, Vol. 30, No. 4 (Oct. , 1935), Modern Humanities Research Association, pp. 519 – 520.

Freyd B. , Padelford F. M. , Spenser or Anthony Munday? — A Note on the Axiochus, *PMLA*, Vol. 50, No. 3 (Sep. , 1935), Modern Language Association, pp. 903 – 913.

Swan M. W. S. , The Sweet Speech and Spenser's (?) Axiochus, *ELH*, Vol. 11, No. 3 (Sep. , 1944), The Johns Hopkins University Press, pp. 161 – 181.

② Eichholz D. E. , The Pseudo — Platonic Dialogue Eryxias, *The Classical Quarterly*, Vol. 29, No. 3/4 (Jul. — Oct. , 1935), Cambridge University Press, pp. 129 – 149.

③ Tim O'Keefe, Socrates' Therapeutic Use of Inconsistency in the "Axiochus", *Phronesis*, Vol. 51, No. 4 (2006), BRILL, pp. 388 – 407.

④ Cooper, J. M. (1997), Hutchinson, D. S. , eds. , *Plato：Complete Works*, Hackett Pub. Comp.

集：全新译本》（*The Works of Plato：A New and Literal Version*）①，它对杂篇作了较为细致的注疏。这两部著述可以说是笔者进行本书翻译注疏的主要参考依据。

汉语学界对柏拉图杂篇作品的研究，除了汉译本第欧根尼·拉尔修《名哲言行录》中提到一些柏拉图的诗体文②和汉译的泰勒的《柏拉图——生平及其著作》"附录——柏拉图手稿中的伪作"外③，可以说几乎是处于空白状态。国内已经出版和正在出版的由刘小枫、甘阳主编的《柏拉图注疏集》依据施剌绪尔罗斯的"九卷集"体例，将提供足本汉译《柏拉图全集》，该注疏集把 36 篇作品以外的作品称为"杂篇"，可以说这是笔者目前所看到的国内打算对这部分内容进行研究的将来可利用的唯一资料。

本书在翻译时，英文方面主要是参照库珀的英译本和由乔治·伯格斯编译的"新出直译版"《柏拉图著作集：全新译本》。库珀英译本中由两位编者库珀和哈钦森写的导读文字是本书的主要研究依据。笔者的希腊语基础薄弱，汉语翻译主要立足于该英译本的英文翻译；同时，笔者也经常参考相关的希腊语原文。希腊语方面的材料主要依据的是由伯内特编订的希腊文注释版的《柏拉图全集》和"希腊语文献大全"中所提供的希腊语原稿。

---

① Burges，G.（1848），*The Works of Plato：A New and Literal Version*，Vol. Ⅵ，London：Henry G. Bohn，York Street，Covent Garden，pp. 37 – 144.

② 第欧根尼·拉尔修：《名哲言行录》，徐开来等译，广西师范大学出版社 2010 年版。

③ 泰勒：《柏拉图——生平及其著作》，谢随知、苗力田、徐鹏译，山东人民出版社 1990 年版，第 748—764 页。

另外，此书主要参考翻译、注疏文本缩写对照如下：

（1）C 本：Cooper, J. M.（1997），Hutchinson, D. S., eds.,
Plato：Complete Works，Hackett Pub. Comp.

（2）B 本：Burges, G.（1848），*The Works of Plato：A New
and Literal Version*，Vol. Ⅶ，London：Henry G. Bohn,
York Street，Covent Garden.

（3）E 文：Eichholz D. E., The Pseudo－Platonic Dialogue Eryxias,
The Classical Quarterly，Vol. 29，No. 3/4（Jul. － Oct., 1935），
Cambridge University Press，pp. 129 - 149.

（4）泰本：泰勒：《柏拉图——生平及其著作》，谢随知、苗力
田、徐鹏译，山东人民出版社 1990 年版。

吴光行
2016 年 11 月

第一辑

定义集

《定义集》

这是《柏拉图杂篇》的第一辑，是一部包含约185个在哲学上很重要的词条的小词典。[①] 其中，有些词条有重复，但是定义的内容却并不相同。这个《定义集》在库珀主编的《柏拉图全集》英译本中的英文译稿由哈钦森译出，并且也由他写了导读。

哈钦森在其导读中首先谈到的是古代哲人智士们对定义这种人类理智活动的探索过程，他介绍说在很早的时期古希腊就有许多智士提出过各种定义，包括数学家、自然哲学家，以及像普洛狄科斯（Prodicus）那样的教育家。到苏格拉底有了一个转折，即转入了对人类伦理活动中的各种概念提出定义。苏格拉底认为，知道各种伦理概念的准确定义将会使人们在道德上变得更好。但是，到了柏拉图才有了质的变化，因为柏拉图竭力主张一种系统的定义方法，即运用归纳和分析得出定义。这于他的《淮得洛斯篇》（Phaedrus，又译为《斐德罗篇》《斐德若篇》）中提出，并在他的《智师篇》和《政治家篇》中得以运用。可以说，

---

① ［泰本］译为"术语释义"，读者或许会感觉出"术语释义"与"定义集"是两个存在着明显不同的译名，"释义"是去解开，而"定义"是去限定，具体的阐述可参见本章的"疏评"部分。

定义这种人类理智活动到了柏拉图才走向了科学化、系统化，成为人类一种有意识的科学探索行为。

　　合理地使用定义往往会促使人们对事物的认识达到更为精确的程度，但是，对定义的过于热衷的使用，尤其是对日常生活中的一些常用概念如果也进行一番"严格"的科学定义，"唯定义是论"，就会显得滑稽可笑了。哈钦森就提到了学园派这种对定义的"勃勃雄心"，有一部约公元前350年时的喜剧作品对他们运用分析进行定义的行为进行了讥讽。在该剧中，柏拉图学园的成员们对"南瓜"的定义进行了一番仔细的思考（厄辟克剌忒斯，残篇11，厄德蒙兹）。犬儒学派的狄奥哥涅斯嘲讽学园派把"人"定义为"无羽毛的两足动物"，他把一只鸡的羽毛拔光并且说道："这就是柏拉图的'人'！"

　　在柏拉图之后还有许多哲学家也对各种定义感兴趣，哈钦森提到了柏拉图的外甥和学园领袖的继承人斯彪西普泼斯，他以一部名为《定义集》的著作而享有盛名，在亚里士多德的著作表上我们可以看到《定义集》（13卷）和《话题前的定义集》（7卷），塞奥弗剌司托斯写过3卷《定义集》，斯多亚派的克律西普泼斯写过许多定义的和关于定义的巨著。由于本篇《定义集》与亚里士多德和斯多亚派的定义之间存在某些相似点，有些学者倾向于认为该《定义集》是一篇较迟的、从不同来源选辑而成的著作。针对这一怀疑，哈钦森指出这些相似点可以通过一个事实得到更好的解释，即亚里士多德和斯多亚派在编创他们自己的哲学观点时都借用了公元前4世纪的学园派思想。

　　考察完智士们对定义的探索脉络后，哈钦森谈的是本辑《定义集》的创作情况。他认为这个《定义集》可能是柏拉图学园在公元前 4 世纪中期所提出和讨论的所有定义中的一小部分，这些定义在辩证讨论中得到运用，从亚里士多德的《话题》和《智者的驳斥》那里我们可以很熟悉它的方法。在这里他强调了一个很重要的观点，即《定义集》中的定义是在辩论实践中产生的，它们与苏格拉底的伦理学定义和柏拉图对话中所严肃探讨的定义有本质的不同。他提到了一个具体的实例，认为《定义集》在415a 处把"人"定义为"没有羽毛的、两只脚的、平指甲的动物"可能是对狄奥哥涅斯的"鸡"的一个回应，其他许多定义也很可能是辩论性的。与此相反地，有些定义直接取自柏拉图的对话，比如 415c 处关于"智师"的定义，取自《智师篇》213d。对于哈钦森的这种看法，我们应当想到两个方面：其一，我们可以从原文看到，《定义集》中的定义正如哈钦森所说的包含两类，即学园派成员们在实际的辩论活动中产生的定义和直接取自柏拉图对话的定义，当然柏拉图对话中的定义本身也可能是由实际辩论而产生的而非所谓的"柏拉图式"定义。但是我们在《定义集》中确实看到了一些很严格的"柏拉图式"定义，如"永恒""产生""元素"等。其二，《定义集》中的定义并不是简单的质疑与回应的产物，而是加入了第三人的意见，比如，哈钦森所提到的 415a 处的"人"的定义，在原文中其实还有后半句"唯一能够获得理性知识的存在者"。《定义集》中对"人"的完整定义是"没有羽毛的、两只脚的、平指甲的动物，唯一能够获得理性知识的存在者"，这是一个比较完整的概念表达。因此，笔者认为，《定义集》并不是简单的编聚在一起的一些定义合集，而是从选取、编辑、修改直到定稿都反映了编者的个人思想在内的创造性作品。

接着哈钦森提到了编者是谁和《定义集》的具体编排问题，他说单个的定义可能是由公元前 4 世纪时的学园派成员们制定的，但我们无法知道是谁把它们编到了现在这个集子中。而《定义集》的编排看起来是由两部分单独的集子组成的：第一个集子被组织成柏拉图学园和斯多亚派认可的哲学三分支：自然哲学（411a—411c），伦理学（411d—414a），认知和语言哲学（414a—414e）；第二个集子（从 414e 的"有用"起）则没有这样的内部组织，它含有很多第一个集子中所定义的词条的独立定义。哈钦森肯定，柏拉图不是《定义集》所有或部分定义的编者，把它归于"柏拉图"的名下，可能仅仅表明它属于"柏拉图学派"。有些古典学者猜想斯彪西普泼斯是其作者，但这很可能是不准确的。因此我们可以说，《定义集》的编者是"柏拉图学派"的成员，因而他在编这个集子时所体现的就是柏拉图学派的思想。

读者可能会问，既然这个辑子是反映柏拉图学派思想的创造性作品，那么第二个集子中缺乏内部组织的杂录又应当如何解释呢？笔者认为，有几种可能：一是这种把一些看似缺乏严格组织的杂录附在后面，本身就是一种科学的组织安排形式；二是我们所见到的文稿可能并不是那个编者最初编成的原稿，而是经过了后世人们第二遍、第三遍甚至更多遍的编辑整理，但是可以合理地设想后人在编辑时明显会更少改动，毕竟离原稿越久远人们就会越慎重；三是在流传抄写的过程中因客观的脱落残损或人为的篡改，导致与原貌不一样，这一点我们接下来就要讲到。但是从目前的这个《定义集》文稿的整体来看，它还是一部比较完整的著作，笔者在接下来的"原文翻译及注解"中，就是按照这种

"两集四部分"的结构来进行分析的。

哈钦森最后说到的是《定义集》的文稿原文和翻译方面的问题。他说由于像《定义集》这样的参考著作和选集不是以普遍的散文体形式写的，所以它们在流传的过程中尤其容易讹误。这就是为什么他的英文翻译包含了相当程度的猜测，在文本本身和它的恰当解释上都是如此，有些定义可能已意外地脱落，有些可能已被后世的抄写者和学者们篡改。与他相同的是，笔者的翻译也存在着同样的情况，即包含了相当程度的个人主观认识。

根据哈钦森对《定义集》内部组织结构的分析，笔者把它分作四个部分：自然哲学定义、伦理学定义、认知和语言哲学定义、杂录定义，并对其分别做粗略的注解。

一　原文翻译及注解

（一）自然哲学定义

1. 永恒：先前就存在且现在也没有灭亡的，伴随、遍及一切时间的东西。[①]

2. 神：在幸福上自足的、不死的永生体[②]，是永恒的实是者，是善、好得以产生的原因。（或"不朽的生命体，趋向幸福的自足者；永恒的存在，善的自然产生的原因"。）

---

① ［B本］永恒观念必然包含持续经历时间的三个阶段（过去、现在和将来）的观念，因此这个定义显然是有缺陷的。

② ［B本］此处的神不适宜认为是"动物"（animal）。

3. 产生：生成为实是者的运动，通过变化而对实是的沾有①，成为实是的过程。

4. 太阳：是天上的一团火，它是唯一一颗从黎明到夜晚被我们亲自看到的白天发光的星辰，是最大的、永恒的生命体。②

5. 时间：太阳的运动变化，太阳行程的尺度。③

6. 白昼：从日出到日落的过程，与黑夜相对的白天。

7. 黎明：一天的起始，来自太阳的最初光明。

8. 中午：各种影子共有物体的最短长度时的时间。

9. 夜晚：一天的终结。

10. 黑夜：与白昼相对的黑暗，太阳的缺失。

11. 运气：从不清楚转移到不清楚，一个超自然事件的自发④原因。⑤

12. 衰老：一个有生命事物由于时间的推移而导致的退化。

13. 风：在地球区域内的空气的流动。

14. 空气：一种元素，对其而言每一个空间运动都是自然的。

15. 天空：包围着除了最上面的空气本身以外的所有可感事

---

①　［B本］这是 Participation（变为、沾有），而不仅仅是 Sharing（分有、享有）。

②　［B本］太阳拥有灵魂，参见《法规篇补篇》。

③　［B本］尽管该定义与厄拉托司塞涅斯（Eratosthenes，公元前 275—前 194 年，古希腊天文学家、数学家和诗人，首次测量出地球周长和黄赤交角，并编制了一本星表）把时间描述为"太阳的运行"（the journeying of the sun）的定义碰巧部分地相吻合，但是定义为"太阳运动的，或任何事物的渐进运动的尺度"（the measure of the motion of the sun, or of the progressive movement of any thing）更为准确。

④　［B本］据普鲁塔克记载，亚里士多德在运气和自发性之间作了区别。

⑤　［B本］运气既是成功事件的原因，也是不成功事件的原因。

物的物体。

16. 灵魂：自我运动的事物，有生命事物各种生命过程的原因。（或"自我运动之物，生命体各种有生命运动的原因"。）①

17. 能力：由于自己的原因而产生各种效果的东西。②

18. 视觉：能辨别各种物体的品性。

19. 骨头：因热而硬化的骨髓。

20. 元素：复杂的事物由其构成并且可分解为它们的事物。

［译者按］这些"自然哲学定义"看上去是孤立排列的。但是我们希望提示读者注意的是，很可能这里面构成了一种理论体系。定义也能构成理论？当然可能。我们不妨从哲学史上举出一个例子，那就是斯宾诺莎的《伦理学》。这部著作也是由定义、公理和定理组成的。比起许多水货的书显得十分瘦身。它里面的信念就是，清晰的理性概念——由定义表达，可以必然地推导出后面的结论。或者说，这本书中的所有概念都是演绎地关联在一起的。柏拉图学派对"理性"和"几何学"的热爱不会比斯宾诺莎少。这个自然哲学定义的排列，如果这么看，则构成了一个演绎进程：先是基本概念即"永恒"，然后是符合这一概念的实体即神，其定义是自身永恒和产生善的原因，然后是"产生"，然后是"太阳"即这个世界的永恒者或神。有了太阳之后，"时间"就出现了。古代时间的基本标杆是太阳年。时间与永恒构成了一个新的对子。时间中的永恒并非没有产生和衰老的。再往下，是气象学的概念如空气和天空。再往下，则是人体，包括灵魂和肉

---

① 可对比《斐德罗篇》245c 以下，《法规篇》（*Laws*，又译《法律篇》《法篇》《礼法篇》《法义篇》）896a，都将灵魂定义为自我运动之物。

② 与后面的第 184 个定义"能力"是同一个词。

身。这样的推理，不难让人想到柏拉图的《提迈奥斯篇》。

我们知道前苏格拉底时期的哲学一般被称为自然哲学，它主要研究的是宇宙的本原是什么以及宇宙是如何产生的。不过《定义集》的编者在这一节"自然哲学定义"中并没有把"本原"作为首要定义列出，而是把"永恒"作为首个定义。我们在后面的杂录定义中倒可以看到"本原"的定义，但是它的定义也与早期自然哲学家们的定义有所不同。对此我们可以推断，在这些定义产生的那个时期，在柏拉图的学园中，人们对宇宙、自然的关注已经与自然哲学家们的关注有所不同，他们首先关注的是本体论的"永恒"问题，而不是自然哲学家们所关注的还原论的"本原"问题，这一点也可以从"元素"的定义来推断。在"元素"的定义中，有强烈的机械论的色彩。我们可以在《淮冬篇》苏格拉底讲到他的哲学转向时所说的话中看出他对这种自然哲学上的机械论的不满。①

库珀英译本的英文翻译把"永恒"译作形容词（eternal），整个定义也是按形容词来译，笔者认为这里应当译作名词。因为，希腊语原文的定义中用了中性单数主格的定冠词表明它是一个存在着的事物，是一个本体论概念。接着是对神的定义，强调幸福上的自足、永恒、实是和作为善、好的原因四个方面，着重点在于本体论方面。我们可以对照伊壁鸠鲁"基本要道"第一条关于神的定义，"万福极乐且不受毁损的主体不仅自己没有各种烦事，而且也不给他者增添各种烦事。因而，它既不会被各种愤恨暴躁的情绪左右，也不会被各种欢喜激动的情绪左右。因为，

---

① 《淮冬篇》96a—99b。

每一种这类情绪都是属于病弱无力者的"①。伊壁鸠鲁强调的是伦理学上的自足与不动心，是作为道德强者的神，着重点在于伦理学方面。接下来关于"产生"的定义也是如此，着重于本体论方面。

对于从定义 4 "太阳"到定义 15 "天空"的 12 个定义，我们看到的是一种从感性经验角度来进行定义的特点，是由具体到抽象的上升式定义方法。接下来对"灵魂""能力""视觉""骨头"的定义把人作为宇宙的组成部分来定义，强调的也是本体论方面和经验角度。

（二）伦理学定义

21. 德性：最好的品性状态；一个有死生物在其自身就值得称赞的状态，由于它而使得它的拥有者被说成是好的状态，对各种法规的公正遵守，由于它而使某个性情如此形成的人被说成是十分优秀的性格状态，产生对法规保持忠诚的状态。

22. 明智：本身能产生人类幸福的能力，知道什么好、什么坏的知识，产生幸福的知识，通过它我们判断什么该做和什么不该做的性格状态。

23. 正义：灵魂与自身的一致，灵魂的各部分在针对彼此和涉及彼此时的良好秩序，根据应当的原则分配给每个人的状态，由于它而使它的拥有者选择对他看起来恰当的东西的状态，奠

---

① 参见伊壁鸠鲁、卢克来修《自然与快乐：伊壁鸠鲁的哲学》，包利民等译，中国社会科学出版社 2004 年版，第 38 页，译文略有改动。

定一种遵守法规的生活方式之基础的状态，社会生活上的公正，遵守各种法规的状态。①

24. 自制：灵魂对经常在它里面发生的各种欲望和快乐的节制，灵魂在各种普通快乐和痛苦方面的和谐和良好纪律，灵魂在统治和被统治方面的和谐一致，正常的个人独立，灵魂的良好纪律，灵魂中对于什么是值得钦佩的和什么是值得轻视的理性一致，其拥有者通过它进行选择并对他应当谨慎的东西保持谨慎的状态。

25. 勇敢：不为恐惧所动的灵魂状态，战斗的信心，对战争的各种事实的知晓②，灵魂中对于恐惧的和可怕的东西的自我克制，在遵从智慧方面的大胆，面对死亡时的勇猛无畏，在危险情况中戒守正确思想的状态，抗衡危险的力量，德性上的坚韧力量，灵魂中对于正确思想认为令人惧怕或令人鼓舞的各种事物保持平静，对于恐怖和战争经历无所畏惧的信念的保持，坚守法规的状态。③

26. 克制：忍受痛苦的能力，对正确思想的服从，对正确思想的各种观念无法打败的能力。

27. 自足：对各种好事物的完满拥有，一种那些拥有它的人就是他们自己的主人的状态。

28. 公平：某人各种权利和优势的割让，在各种契约中的节制，一个理性灵魂对于什么是美好的和什么是可鄙的东西的良好

---

① 可对比《理想国》443d 以下关于正义的说法，两者之间具有一致性。

② ［B本］几乎很肯定，"勇敢"绝对无法被正确地定义为"对各种战争之事的知识"。

③ 对比《理想国》442c。

纪律。

29．坚忍：为了美好的东西而忍受痛苦，为了美好的东西而忍受辛劳。

30．大胆：未曾预想坏事物，不受坏事物的出现干扰。

31．耐痛：我们不被痛苦支配的状态。

32．勤劳：实现某人所主张的东西的状态，自愿的坚忍，在辛劳方面无可指责的状态。

33．谦逊：按照对的和看起来最好的东西从鲁莽行为中主动退回，自愿地持守最好的东西，保持谨慎以避免合理正当的批评。

34．自由：掌控自己的生命，在所有方面都拥有唯一权威，做某人生命中所喜欢的事情的权力，在使用和拥有财产方面慷慨大方、不吝啬。

35．慷慨：在赚钱方面的恰当状态，财产的恰当消费和存储。

36．温和：对由愤怒引起的冲动的压制，灵魂的和谐融洽。

37．守矩：对看起来最好的东西的自觉服从，移动身体时的严格姿态。

38．幸福：由所有好处构成的善好，满足美好地生活的能力，德性的完善，满足一个生物的各种资源。①

39．崇高：按照最高尚男人的正确推理而值得称道的。

40．机智：使其拥有者能够发现在每一种情况下是必要的东

---

① blessed with a good genius, blessed, good fortune, 后者指自足的快乐、极乐（bliss），可参见伊壁鸠鲁基本要道第一条。

西的灵魂才能，精神的敏锐洞察力。

41. 正直：与智力结合的道德上的诚信，性格的优秀。

42. 善良①：决定做各种最好的事情的状态。

43. 大度：处理各种事情时的高尚优雅，灵魂与理性相结合的崇高。

44. 仁慈：对人友好的随和性格状态，乐于助人的状态，令人快意的特性，与乐于助人相结合的记忆。

45. 虔诚：涉及众神的正义，自愿地服务众神的能力②，对于应当给予众神的崇敬的正确观念，对应当给予众神的崇敬的知晓。

46. 善：以其自身为目的的东西。

47. 无畏：我们不受恐惧影响的状态。

48. 不动心：我们不受各种激情影响的状态。

49. 和平：在军事冲突中的一个平静时期。

50. 懒散：灵魂迟缓无生气，情绪部分没有激情。

51. 精明：使其拥有者能够发现他的特定目标的性格状态。

52. 友爱：在什么是美好的和正义的东西上持一致意见，选定相同的生活方式，对道德决断和道德行为拥有相同的意见，在生活方式上持一致意见，在善意的基础上分担共享，在提供和接受善意行为、恩惠方面分担共享。

53. 高贵：一个高尚品格的德性，在言行方面受到良好教养的灵魂。

---

① ［B本］在英语中没有与此相对应的单词或复合词，其意是指身体与精神造诣的统一。

② ［B本］除了"能力"外，其意思明显地要求要有"品格"。

54.选择：正确的估算。

55.善意：一个人对另一个人的亲切友好。

56.亲缘：共有相同的血统。

57.同意：共享某人头脑中的一切，各种想法和臆断的和谐一致。

58.爱慕：完全的接受。

59.政治技艺：关于美好的和有用的东西的知识，知道如何在一个城邦中产生正义的知识。

60.友谊：通过保持相互间的交往而形成的同龄人之间的情谊。①

61.善谋：天生的推理的德性。

62.信念：认为事物就是它所显现的样子的观念，性格的坚定。②

63.真实：肯定表达或否定表达的正确状态，对各种实在事物的知识。

64.意愿：基于正确理性的向往，合乎理性的欲望。基于理性的自然欲望。

65.谏言：某人给另一个人的关于行为、关于他应当如何表现自己的建议。

66.时机：碰上做某事或某人发生某事的恰当时间。

67.谨慎：对坏事物的警戒，警戒的关注。

68.秩序：一个整体的所有元素相互间的基本相似性，一个

---

① ［B本］指政治性的聚结（a political club），就像在英格兰所称呼的那样，而不仅仅是本地的结社（domestic sociality）。

② ［B本］作者明显综合了相信（belief）和信念（faith）的意思。

社团的恰当比例，一个整体的所有相互元素的原因，学习上的恰当比例。

69. 注意：灵魂学习某事物时所付出的努力。

70. 天赋：学习上的快速，良好的天生遗传，天生的德性。

71. 悟性：学习学得很快的精神才能。

72. 法规：对于一个有争议的问题的权威宣判。

73. 审判：关于是否存在着不义的辩论。

74. 守法：对各种好的法规的服从。

75. 欢快：在做一个温和的人所做的事时的快乐。

76. 荣誉：将好东西作为礼物给予各种有德性的行为，根据德性而赋予的尊贵，尊贵的举止风度，对人的高贵的培养。

77. 热情：一种积极意愿的表现。

78. 慈善：自愿的行善，在一个适当的时机给出某些有用的好东西。

79. 和谐：统治者与被统治者之间关于如何统治和被统治的共同意见。

80. 共和国：能自给自足成功生活的、由许多人构成的共同体，由处于法规规范下的民众构成的共同体。

81. 先见：为某些未来之事所做的准备。

82. 谋划：关于什么会在将来有利的研究。

83. 胜利：能够在一场比赛中得胜的能力。

84. 机灵：战胜某些通常说法的好判断。

85. 馈赠：各种恩惠的交换。

86. 机会：某些有利事情的理想时间，有助于获取某些好东西的时间。

[译者按] 伦理学的核心概念是德性。在希腊文化中，一般都强调正义、自制、勇敢、明智四大德性，此外还有敬虔、守法、坚忍、慈善、友爱等众多其他德性。在这一节的伦理学定义中，我们可以很明显地看到，对于一般认为比较重要的伦理学概念都运用了较长的文字对之进行定义。使用文字最多的定义是"勇敢"，其次是"自制""正义""德性""友爱""明智"。对于"勇敢"这一德性的强调是古希腊伦理思想的一个很显著的特征，在《拉轲斯篇》（*Laches*，又译为《拉凯斯篇》《拉黑斯篇》《拉刻篇》《拉哈斯篇》《拉克斯篇》）中专门探讨了这个主题。"勇敢"的希腊语单词的字根是男人（man），意指男子汉气概（manliness），英勇，勇气。这里对它的定义是"不为恐惧所动的灵魂状态，战斗的信心，对战争的各种事实的知晓，灵魂中对于恐惧的和可怕的东西的自我克制，在遵从智慧方面的大胆，面对死亡时的勇猛无畏，在危险情况中戒守正确思想的状态，抗衡危险的力量，德性上的坚韧力量，灵魂中对于正确思想认为令人惧怕或令人鼓舞的各种事物保持平静，对于恐怖和战争经历无所畏惧的信念的保持，坚守法规的状态"。它从灵魂状态、战争事实、自主能力、智慧、力量、法规等角度对之进行了较为全面的界定，尤其是勇敢与智慧有紧密的关系。

（三）认知和语言哲学定义

87. 记忆：守卫居于其中之真实的灵魂的性格状态。

88. 沉思：强烈的思考。

89. 思考：知识的起点。

90．圣洁：对于与众神有关的各种失误的小心谨慎，以正常的方式提供服侍以荣耀神。①

91．预见：没有证据地预测各种事情的知识。

92．预言术：观想各种会死事物的现在和将来的知识。

93．智慧：非基于假设的知识②，关于始终存在着的东西的知识，思考各种事物的原因的知识。

94．哲学：对关于始终长存的事物的知识的渴求，凝思真实以及是什么使其真实的状态，对灵魂的基于正确推理的陶冶。

95．知识：不能被推理推翻的灵魂的观念，构想一个或更多不能被推理推翻的事物的能力，不能被思考推翻的正确观点。

96．意见：易受理性劝服的观念，推理中的摇摆不定，既被理性导向虚假又被理性导向真实的思想。

97．感觉：灵魂中的起伏波动，意识借助于身体的运动，一个为了人类的利益而作的宣称，从它那里产生出灵魂中的一种通过身体而认识各种事物的非理性能力。

98．状态：灵魂的性格结构，人们由于它而被说成是属于某一特定种类的。

99．话语：思想通过嘴巴发出的。

100．言辞：用能够表示每一个存在着的事物的字符表达的话语，由名词和动词组合而成的没有音乐的语言声音。

101．名词：既表达被本质上述说的东西又表达一切没有述及事物本身的事物的非复合的语言声音。

---

①　［B本］由于对神的注意而产生的自然关注（the natural care of the attention due to a deity）。

②　［B本］"非基于假设的"（not－hypothetical）指"基于各种事实的东西"。

102. 语言：用字符表示的人类声音，具有表达作用的、非音乐的共同符号。

103. 音节：能被书写的人类话语的表达。

104. 定义：包括种和属的述说语。

105. 证据：不明显事物的证物。

106. 证明：通过推理达到一个结论的正确论证，通过预先已知的事物而推断出某事物的论证。

107. 音素①：非复合的语音，其他语音之成为语音的原因。

［译者按］在这一节中，从定义 87 到定义 98 大体为认知哲学的定义，从定义 99 到定义 107 则为语言哲学的定义。在希腊哲学中，大致可以认为语言哲学是认知哲学的表达和使用工具。在认知哲学的定义中，摆在第一条的是"记忆"，定义为"守卫居于其中之真实的灵魂的性格状态"。这个定义与我们平常所理解的意思为"识记、回忆"的"记忆"的定义有所不同，它所强调的是与真实的关系，记忆是为守卫真实而服务的，是人类灵魂的一种性格状态。"记忆"是哲学研究的一个很重要的条件和因素，无论是苏格拉底所看重的优秀青年的品质，还是辩证法的论辩过程所需要的素质，抑或哲学活动所达到的境界，所有与哲学相关的众多方面都要求其参与者必须要有很强的记忆能力。在《政治家篇》中我们通过塞奥多洛斯的话语可以看到苏格拉底惊人的记忆力，"［你］的确［说得］很好，苏格拉底，凭我们的神起誓，而且很合理。你确实记忆深牢，击中了我在算术上的过失，我

---

① ［B 本］element。

下一回再跟随你对付这些算术"①。而且在苏格拉底与人辩论时，与之对话的人都会要求他或者是他自己也经常准确地回述归纳所谈论过的话题和观点。这里把"记忆"这个定义作为第一条来对待，并把它与真实相关联来定义，我们应当引起重视。在这一节定义里我们还看到了"智慧""哲学""知识""感觉""意见"等很重要的一些哲学概念，可见编者是把这些定义看作认知哲学的定义的，是知识论的对象。这些概念在柏拉图的对话三部曲《塞埃忒托斯篇》（*Theaetetus*，又译为《泰阿泰德篇》《泰鄂提得斯篇》）、《智师篇》和《政治家篇》中作了充分的探讨。同时，我们也看到了与宗教有关的一些概念，如"圣洁""预见""预言术"，这是从认识论角度对一些宗教概念所做的解释。

（四）杂录定义

108. 有用：使某事物变好的东西，导致变好的东西。

109. 有益：有助于趋向好的东西。

110. 美：即善好。

111. 好：导致各种事物得以保存的东西，每一事物所趋向的原因，从它那里派生出应该选择的东西。

112. 神志清醒：灵魂有秩序。

113. 正当：产生正义的法律规定。

114. 自愿：产生其自身行动的东西，为其自身而选择的东

① 《政治家篇》257b。

西，通过思想而实现的东西。

115. 自由：支配其自身的东西。

116. 适度：在过度与不足之间，满足技艺的各种严格限制。

117. 度：过度与不足之间的居中者。

118. 奖赏：其本身就值得选取的德性的特殊奖品。

119. 不朽：一个有生命事物的永恒持存。[①]

120. 敬虔：合于神意的对神的服侍。

121. 节日：法律定为神圣的日子。

122. 人：没有羽毛的、两只脚的、平指甲的动物，唯一能够获得理性知识的存在者。

123. 献祭：向神提供祭品。[②]

124. 祈祷：人向众神求取好的或看起来好的东西的请求。

125. 君王：法律上超越问责的长官，一个政治组织的长官。

126. 统治：负责每一件事。

127. 权能：法规赋予的自由行事权。

128. 立法者：一个城邦都受其管制的法律的制定者。

129. 法规：多数人的政治决断，不受特定时间的限制。

130. 预设：不能证明的第一原则，谈话中各种基本观点的概要。

131. 法令：受一定时间限制的政治决断。

132. 政治家：知道如何管理组织一个城邦的人。

133. 城邦：由一群遵守共同做出的决定的人居住的地方，

---

① ［B本］或许正确的解读是：赋有灵魂的存在者的永恒持存（the remaining for ever of an existence endowed with soul）。

② ［B本］不能错误地把"祭品"（sacrifice）混淆为"牺牲"（victim）。

一群受相同法律限制的人。

134. 城邦德性：一个正当的政治体制的设立。

135. 战争技艺：拥有战争经验。

136. 战争同盟：交战各方的联合体。

137. 保全：不受损害的保持。

138. 独裁者：一个根据自己的想法进行统治的城邦长官。

139. 智师：搜寻并向富有且有声名的年轻人收费的收费者。①

140. 财富：拥有快乐地生活的充足财产，有助于幸福生活的大量财产。

141. 托管物：拥有信心地给出的东西。②

142. 净化：从较好的东西中分离出较差的东西。

143. 得胜：在冲突中占上风。

144. 好人：能够给人带来好处的那种人。

145. 自制者：有适度的欲望的人。

146. 克制者：当灵魂的各部分与正确理性相矛盾时能制伏它们的人。

147. 卓越者：一个完全好的人，一个具有属于人的德性的人。

148. 焦虑：一个不合理性和令人不安的想法。

149. 愚笨：在学习上迟钝。

---

① ［B本］智师的准确定义见于《智师篇》。
② ［B本］"拥有信心地给出的物品"（a gift with faith）很奇怪地被用于"托管物"的定义中，人们会想到的是"通过信用"（through faith），凭靠的是接收托管物一方的诚实。

150. 主宰①：对谁都不负责任的正当统治。

151. 厌智：其拥有者是厌恶论证的人的状态。

152. 恐惧：灵魂预期某些坏事物时的惊恐。

153. 激情：不受推理和思想支配的灵魂中非理性部分的强有力的冲动。

154. 惊恐：预期某些坏事物时的惧怕。

155. 奉承：为了快乐而陪随结伙，不考虑什么是最好的；为了快乐而过度地社会化的状态。

156. 愤怒：灵魂的激情部分对复仇的激发煽动。

157. 傲慢：驱使某人侮辱他人的不正义行为。

158. 无度：没有正确的推理、以看起来令人快乐的东西为导向的暴烈状态。

159. 畏缩：逃避辛劳；使冲劲丧失的怯懦。

160. 本源：事物生成的第一原因。

161. 诽谤：通过言辞使友好的人们疏远分离。

162. 机会：适合去做或经受每一件事的时间。

163. 不正义：藐视各种法规的状态。

164. 贫穷：缺乏财产。

165. 羞耻：预期坏名声时的惧怕。②

166. 吹嘘：使那些缺乏某种好或某些好的人们假装具有它或它们的状态。

---

①　［B本］英文准确的译名似乎是 lordship（统治）而不是 despotism（专制）。

②　对比《法规篇》647a：我们常常恐惧意见，如果我们说了或做了某种不高贵的事情时，我们就想到自己会被别人视为坏蛋。这样［647a］一种恐惧，至少我们——我相信每个人——都会称为"羞耻"。

167. 过错：违反正确推理的行为。

168. 嫉妒：被朋友们现在的或过去的好东西所折磨苦恼。

169. 无耻：为了利益而经受不光彩之事的灵魂状态。

170. 鲁莽：面对各种不应该正视的危险时的过分胆大。

171. 虚荣：对每一项花费都缺乏思考地滥用的灵魂状态。

172. 劣根性：本性上的恶劣和自然的东西的差错，自然的东西的疾病。

173. 希望：对好的期望。

174. 疯狂：对正确观念具有破坏作用的状态。

175. 多嘴饶舌：言语上无理性地缺乏自我克制。

176. 对立：属于相同种类的事物在某些差异上的最大差距。

177. 非自愿：没有经过思考而完成的。

178. 教养：服务于灵魂的力量。

179. 教育：施予教养。

180. 立法技艺：知道如何产生一个好城邦的知识。

181. 警告：出于智识的指责性言辞，为了使某人不犯错而说的言辞。

182. 援助：对当前的或将来的某些坏事物的阻止。

183. 惩戒：对过去发生的错误给予灵魂的治疗。

184. 能力：在言语或行为方面的优秀，使它的拥有者能够做某事的状态，自然的力量。

185. 拯救：保持不受各种损害。

186. 科学（Science）：一种不会有闪失的知识。（Science is a

knowledge without stumbling.)①

［译者按］这一节的杂录定义明显更为复杂和难以把握，包含了前面三个哲学分支的领域。有一些重复的词条，正如哈钦森所说的，是前面有些词条的单独的或新的定义。排在前面的是"有用"和"有益"两个定义，这与苏格拉底所关心的"好"的概念紧密相关，人们一般都把"有用""有益"看作"好"，而苏格拉底却是要问"好"本身是什么，它必然地与"正义"相关联。普通人往往是很少考虑哪些事情更正义，哪些事情更不正义。因为事实上他们以为这类事情是很明显的，因而他们对"什么事情更正义"和"什么事情更不正义"两者置之不理，而专注于两者中哪一方的事情将在结果上有利。②

还有"正当""适度""度"这些概念，也值得注意。从"适度"的定义"在过度与不足之间，满足技艺的各种严格限制"中，我们看到了这些体现"节制"德性的概念与技艺相关，而技艺又与知识相关，因而真正能做到适度的有节制的人必定是有智慧的人。在这一节的定义中，把"人"定义为"没有羽毛的、两只脚的、平指甲的动物，唯一能够获得理性知识的存在者"，可见强调的是人作为理性动物的一面。接下来还有一些与政治有关的概念，如"君王""统治""权能""立法者""法规""法令""政治家""城邦""城邦德性""独裁者"等，在对它

---

① ［B本］这最后一个被贝克（Bekker）删去了的定义，仅仅在一个原本中看到——笔者无法找到其希腊语原文。

② 《阿尔齐庇雅德斯前篇》（*Alcebiades* Ⅰ，又译《阿尔基比亚德前篇》《阿尔喀比亚德前篇》）113d。

们所做的一般性描述中，包含了编者的偏向，在对"政治家"的定义"知道如何管理组织一个城邦的人"中，我们仍旧看到了对知识的强调，在《政治家篇》中有谈到哲人与政治家的关联。从"城邦"的定义"由一群遵守共同做出的决定的人居住的地方，一群受相同法律限制的人"中，我们可以看到，它不同于"城市"或"国家"，而是指民众共同体，涉及的是人作为政治动物的方面。

接下来的还有一些涉及德性缺乏者的概念，如"焦虑""愚笨""厌智""恐惧""激情""惊恐""奉承""愤怒""傲慢""无度""畏缩""诽谤""不正义""羞耻""吹嘘""过错""嫉妒""无耻""鲁莽""虚荣""劣根性""疯狂""多嘴饶舌"，夹杂在其中有一个概念"本源"，其定义为"事物生成的第一原因"。我们可以认为，人们之所以会在德性上有所缺乏，都是在作为第一因的"本源"上有问题，可以用"劣根性"这个定义来解释，即"本性上的恶劣和自然的东西的差错，自然的东西的疾病"。鲁迅先生把旧中国时期的一些人的这种"劣根性"上升到了民族的高度，把它称作"民族的劣根性"，并对之进行了无情的揭露。而对这种"劣根性"的治疗就需要"教养""教育""立法技艺""警告""援助""惩戒"以恢复他们原有的自然的"能力"，从而使人得到真正的"拯救"。对劣根性的医治必然体现为治疗哲学。在"援助"的定义"对当前的或将来的某些坏事物的阻止"中，我们看到了一种减法治疗。

总体上看，第四节的这些定义内部也有一种大致的内在组织结构，并不是胡乱的堆砌。

二　《定义集》疏评

（一）什么是"定义"

　　"××是什么"这种提问方式乃是希腊的提问方式，要求对"是什么"的回答进行一种界定、限定。"'限定'是古希腊推崇的一种美德。不像现代人喜欢'无限'，希腊人讨厌无序、混蒙、软弱之无限，相反，他们在限定中发现了美、秩序、理性与心灵的宁静。"[1] 在《定义集》中有对"定义"的定义："包括种和属的述说语。"不过，这一简单的定义明显不能使我们很好地理解到底什么是定义。

　　"定义"的希腊语解释为[2]：边界，界标，界限，限度；识记的石头，标记的石柱，界石；标准，尺度，规矩，目的，目标；逻辑中的项，定义，解释；条件，条款等。它的词根意思为"共同的边界"，即在不同的双方原来共同拥有的含混不清的东西（主要指土地）上设立明确的标志，表明双方各自的拥有权限范围，使得原来不明显的差异清晰地显现出来，使人们明白双方各自所属的不同领域。它的动词形式的意思是确立界标，亦即界

---

　　① 包利民：《生命与逻各斯——希腊伦理思想史论》，东方出版社 1996 年版，第 1 页。

　　② Liddle，H. G.，Scott，R.，eds.，*A Greek-English Lexicon*，Oxford Clarendon Pr.，1996，pp. 1255 – 1256.

定、限定或规定。这里包含两层含义[①]：一层意思指的是流俗的所谓"定义"，表示对概念的内涵或语词的意义进行描述，它没有明确不变的本质特性，比如犬儒学派的狄奥哥涅斯可以用拔光鸡的羽毛来嘲讽学园派对"人"的定义；另一层意思是指哲学上的本源性的科学界定，在于揭示在场者之在场状态，亦即让在场者自立于其自身的位置，让在场者作为其自身而出现，这主要是指一种哲学探索活动，是一种解蔽工作，往往不能形成具体的独自的定义。在柏拉图早期对话中苏格拉底经常是驳倒对方的定义，而他自己却没有提出一个确定的定义出来，比如"敬虔""节制""智慧""勇敢"等。如果硬要提出一个明确的定义来，它们往往又是浑融一体的，比如定义110对美的定义"就是好"，把"美"定义为"好"。

根据汪子嵩等著的《希腊哲学史》的观点[②]，在柏拉图对话中，苏格拉底首次通过考察定义，来规范人的理性知识，探讨存在的本质。亚里士多德在《形而上学》中称赞，探讨普遍性定义是苏格拉底的一大贡献，也是柏拉图原型论的直接思想来源。所谓普遍定义就是指概念的定义有普遍性、确定性和规范性。苏格拉底的普遍性定义是直接针对智师的感觉论和相对主义的，蕴含着深刻的哲学意义。

《定义集》中的定义既包含有感觉论和相对主义的定义，也包含有苏格拉底式的普遍定义，我们对这个集子的阅读应当站在

---

① 参见詹文杰《"真"与"假"的划分——柏拉图〈智士〉研究》，清华大学博士学位论文，2006年，第34页。

② 汪子嵩等编：《希腊哲学史》第2卷，人民出版社1993年版，第400—401页。

编者的角度去客观的理解。柏拉图学派在经过了各种辩证讨论和研究之后，应当将成果凝固为一个个定义。这样才表明认识在去除了相对主义的定义的相对性后，上升到对普遍定义的理解和把握。

（二）哲学三分支

我们通过阅读哲学史可以知道，希腊哲学有一个从研究自然到研究人和社会的重大转变，这一重大变革是由智师开始的，但是智师的"人"是感性的人，必然会成为相对主义并且最后陷入怀疑论。真正把哲学的主题从自然转向人，把哲学从天上拉回到人间的是苏格拉底。[①]

对于希腊哲学主题的转变，第欧根尼·拉尔修在其《名哲言行录》中有较为精辟的讲述[②]，他说哲学主题的转变类似于悲剧的转变，很久以前合唱队是悲剧中的唯一演员，后来为了让合唱队有时间呼吸设置了独演者，从而使悲剧发展完善。他说哲学也如此，在早期它只有一个主题，即自然学，后来苏格拉底引入了第二个，即伦理学，柏拉图则引入了第三个，即辩证法，这样哲学就趋于完善了。这种哲学三分支即"自然哲学、伦理学、辩证法"与后来被柏拉图学园派和斯多亚派认可的哲学三分支即"自然哲学、伦理学、知识和语言哲学"相似亦有所不同，我们应在对这辑《定义集》的阅读中细心加以体会。

---

① 汪子嵩等编：《希腊哲学史》第 2 卷，人民出版社 1993 年版，第 363 页。

② 第欧根尼·拉尔修：《名哲言行录》，徐开来等译，广西师范大学出版社 2010 年版，第 315 页。

第 二 辑

托名作品集

在伯内特编订的希腊文注释版的《柏拉图全集》中，只收录了 6 篇柏拉图的托名作品，并没有收录《亚尔库温篇》。由库珀和哈钦森编的英文译本《柏拉图全集》则收录了 7 篇托名作品，包括了现今通常被刊印在《琉善文集》的各种汇编中的《亚尔库温篇》，但它没有按合集的方式编在一起。笔者收集了 7 篇托名作品的古希腊语文稿原文（作为书的附录附后），并主要依据库珀主编的英译本翻译，以及参考希腊语原文，对之作了翻译。同时，参照库珀英译本中的导读，结合对原文的解读，对各篇托名对话进行了逐一注解和疏评。

《说唱人篇》

（或"关于正义"，助产类的）

　　这是柏拉图托名作品的第一篇，缺乏普通的柏拉图式的标题，可以被列为在古代柏拉图著作列表中"没有标题的"著作。其希腊文原稿的标题是"关于正义"或"论正义"（英译为 On Justice），我们如果熟悉施剌绪尔罗斯"九卷集"中的双标题的话，很快就可以做出推断，它与对话的主题相关，相当于施剌绪尔罗斯的副标题。按照施剌绪尔罗斯的做法，往往选用对话中的人名作标题。该篇对话中的另一个对话者是谁并不能确定，但是从全文来看，它的论题主要集中于苏格拉底对"说唱人说了许多谎言"这句诗的反驳并且成功地使对话者信服。因而，笔者把本篇对话的标题命名为《说唱人篇》，它的副标题则为"或'关于正义'，助产类的"。

　　本篇对话在库珀主编的英译本中由哈钦森写了导读，很明显他对该篇对话的结构、观点、论证和过渡等方面都评价不高。他说，苏格拉底和一个朋友讨论了几个相互分离的关于正义的问题，所有这些熟知的苏格拉底的观点，被以一种奇怪的贫乏和无吸引力的样式阐述。并且还说，由于对话的简短和唐突的过渡，接近于不连贯。他推论说，一种可能的解释是：它不是一本原始的著作，而是从早期苏格拉底文献中摘录或改写而成的。因为，"相同的行为，甚至欺骗和偷盗，有时是正义的有时是不正义的，由具体情况而定"，这个观点在色诺芬的《苏格拉底回忆录》（Ⅳ.ⅱ.12—20）中被苏格拉底提出过，柏拉图在《理想国》（331b—331d）中也让苏格拉底使用了一个类似的关于视情况而定的伦理学的论证。色诺芬经常改编早期苏格拉底的文献，既然这样，那么他很显然也会改编与"论正义"相同的其他作者或编者们的文章或文集。

对于哈钦森如此低的评价该篇对话，笔者持不同意见，因为我们知道苏格拉底非常热衷与人辩论，就同一个主题他可以与许多人辩论。但是，面对不同的对话者，他会灵活地使用他的"助产术"，使对话者顺利地生出知识的产儿或使虚飘无实的意见流产。可以说苏格拉底是因材施教的高手。在该篇对话中，虽然面对的是多篇对话都涉及的"正义是什么"问题，但是根据对话者的性情和特点，苏格拉底适时地把论题引导到反驳对话者在反对"没有人愿意成为邪恶的人，也没有人不愿意成为蒙福的人"时所提出的"说唱人说了许多谎言"的观点上去，并且成功地驳倒了对方而使他信服，从而在一定程度上"援助、治疗"了他。因而，这样看来，该篇对话恰恰是一篇体现苏格拉底因材施教的好对话，对于哲人如何与不同的人进行恰当的哲学对话来说是一个非常好的教材。

对于对话中苏格拉底为欺骗和偷盗提供理由，哈钦森说，这是泼吕克刺忒斯在其《苏格拉底的指控》中所提出的不满之一，该著作写于公元前393—前392年，是现今已佚但其内容可以部分地从它所激起的各种回应中推断出来的一篇演讲词，尤其是4世纪修辞学教师利巴尼奥斯的《申辩》。或许泼吕克刺忒斯是在回应《说唱人篇》的作者所摘录或改编的一篇苏格拉底原始资料。但最有吸引力的可能性是它是安提司塞涅斯的一篇名为《论法律》或《论正确和正义》的对话（现已佚）。

对于该篇对话归名于柏拉图的原因及其创作时间，哈钦森认为，柏拉图的影响仅仅在一点上可以被感觉到：当苏格拉底辩论说，由于人们是不自愿地不正义的，他们的不正义行为也必定是不自愿的，作者坚持主张柏拉图在其一生的暮年时感到必须坚持的一个观点（《法规篇》860c—e）。如果该对话的意图是支持柏拉图的观点，那么它就能够被追溯到公元前4世纪中期之后，或许再迟些。

关于该篇对话的另一个对话者是谁的问题，哈钦森列举了几种说法，有些手稿把对话者列为"苏格拉底、一个朋友"，其他的则说是"苏格拉底、匿名者"，有一个则说是"苏格拉底、克雷尼雅斯"。但是他说，从对话本身看，苏格拉底是一个对话者是很清楚的，但这另外的三个称谓显然是后世学者的猜测。因而，它似乎在远古时代起就没有指明对话者是谁而被流传，另一篇名为《爱马者篇》的对话也是如此。哈钦森称这个不知名的对话者为"朋友"，而笔者则是依据伯内特编订的希腊文原文，称之为一位不知名的朋友。

一　原文翻译及注解

（一）探索正义

1. 正义是什么

苏：你能告诉我们正义是什么吗？或者是你认为不值得对它

做一番探讨？

友：我认为这是非常值得讨论的。

苏：那么，正义是什么呢？

友：除了习俗所确定为正义的东西，还会是别的什么？

苏：不要这样回答我，而要像这样：如果你问我眼睛是什么，我会告诉你它是我们用以看［事物］的东西，如果你要求我指明这一点，我将指明给你看；如果你问我"灵魂"是关于什么的名称，我会告诉你它是我们用以认识［事物］的东西。如果你再问我言语是什么，我将回答你它是我们用来进行交谈的东西。你也这样地解释一下正义是我们用来做什么的东西，就像我刚才所说的那些事物那样。

友：我根本无法这样回答你。①

2. 判断正义的标准和评判者

苏：好吧，既然你无法这样回答，或许我们以下面这种方式去考察它会更容易些：现在我们要辨别什么东西更大，什么东西

---

① 对比《米挪斯篇》（*Minos*，又译为《弥诺斯篇》《米诺斯篇》）苏格拉底问同伴"法是什么"，同伴回答说，法是"那些人们视为合法的东西"，亦即习俗所确定的东西。苏格拉底接着指出："如果有人问我们，既然你宣称，凭借视觉，［314a］人们看到那些被看到的东西，那么视觉又是通过什么看到这些东西的呢？"我们可以回答说，通过眼睛，视觉这个感官看到这些东西。如果他接着问我们，"这个呢？既然是凭借听觉，人们听到那些被听到的声音，那么听觉又是通过什么听到这些声音？"我们可以回答说，［a5］通过耳朵，听觉这个感官使我们听到声音。同样，如果有人再问我们，"既然是凭借法，人们视为合法的东西被视为合法，那么法又是通过什么使人们视这些东西为合法？"［314b］是通过某种感官或显现吗，就像人们认识到那些被认识的事物，乃是通过显现这些事物的知识？或者是通过某种发现，正如人们发现那些被发现的事物——例如，通过医术发现健康和疾病的各种原因，通过占卜术，恰如占卜者所说的，发现诸神的想法？［b5］因为，对我们而言，技艺可以说是对各种事物的发现。参见柏拉图《米诺斯》，林志猛译，华夏出版社 2010 年版，第 13 页。

更小时，我们用什么东西来考察？不是用量尺吗？

友：是的。

苏：和量尺一起，我们还使用了什么技艺？不是测量的技艺吗？

友：是测量的技艺。

苏：区分什么东西轻和什么东西重的情况又怎样呢？我们不是使用量秤吗？

友：是的。

苏：与量秤一起，我们还使用了什么技艺？不是称量的技艺吗？

友：完全是的。

苏：好的，那么，当我们要区分什么是正义的和什么是不正义的时候，我们用什么工具来检查它们呢？而且除了这种工具外，我们在处理它们时使用了什么技艺呢？或者是，对你而言这种方式也没有使问题更清晰？

友：不。

苏：好吧，让我们重新开始吧。每当我们对于什么东西更大和什么东西更小意见不一时，谁是我们之间的决定者？他们不是那些测量的人吗？

友：是的。

苏：每当我们对于数的多和少意见不一时，谁是决定者？他们不是那些计数的人吗？

友：显然是的。

苏：每当我们对于什么是正义的和什么是不正义的意见不一时，我们要去找谁？谁是那些在我们之间做决定的人？告诉我。

友：你是在说法官吗，苏格拉底？

3. 如何判断正义与不正义

苏：做得好！现在继续，尽力告诉我这是什么：测量者在决定什么大什么小时，他们在做什么？他们不是在测量吗？

友：是的。

苏：当称量者决定什么重和什么轻时，他们不是在称量吗？

友：他们当然是在称量。

苏：当计数者决定多与少时，他们不是在计数吗？

友：是的。

苏：当法官们决定什么正义和什么不正义时，他们在做什么？回答我。

友：我不能。

苏：能说"他们在说话"吗？

友：能。

苏：那么每当法官们决定什么正义什么不正义时，他们是通过说话在我们之间做决定吗？

友：是的。

苏：是通过测量测量者才决定了什么小和什么大，因为这些事情是由于使用了量尺而被决定的。

友：是这样的。

苏：再者，是通过称量称量者才决定了什么重和什么轻，因为这些事情是由于使用了量秤而被决定的。

友：是的。

苏：再者，是通过计算计数者才决定了谁多谁少的，因为这些事情是通过数字而被决定的。

友：是这样的。

苏：是的，并且，正如我们刚才同意的，是通过说话法官们才在我们之间决定了什么是正义的和什么是不正义的，因为这些事情是通过说话而被决定的。

友：你说得很好，苏格拉底。

苏：是的，因为这是真话：说话，正如它看起来的样子，决定什么是正义的和什么是不正义的。

友：似乎的确如此。

苏：正义和不正义可能会是什么呢？假如有人问我们：既然量尺、测量技艺和测量者决定什么更大和什么更小，那么"更大"和"更小"是什么呢？我们会告诉他，"更大"就是超过，"更小"就是被超过。或者既然量秤、称量技艺和称量者决定什么重什么轻，那么什么是"重"和"轻"呢？我们会告诉他，"重"就是在秤杆上下沉，"轻"就是在秤杆上上升。那么以这种方式，如果有人来问我们：既然说话、评判技艺和法官决定对我们来说什么是正义的和什么是不正义的，那么"正义"和"不正义"可能会是什么呢？我们能如何回答他呢？我们仍然无法告诉他吗？

4. 正义与自主意愿

友：我们还是不能告诉他。

苏：你认为人们行不义是自愿的还是不自愿的？我的意思是：你认为人们不正义地行动和成为不正义的人是自愿的还是不自愿的？

友：我会说是自愿的，苏格拉底，因为他们是邪恶的人。

苏：那么你认为人们是自愿地成为邪恶的和不正义的人吗？

友：当然。你不觉得吗？

苏：是的，至少如果我们相信诗人就不会这么认为。

友：什么诗人？

苏：就是说过"没有人愿意成为邪恶的人，也没有人不愿意成为蒙福的人"这句诗的人。①

友：但是，你知道，苏格拉底，俗话说得对，"说唱人说了许多谎言"。

苏：但我会很惊讶，如果这个说唱人对此说谎。如果你有时间，让我们细看一下他说的是真话还是谎言。

友：呃，我有时间。

5. 说谎、正义与非自愿

苏：那么你认为哪个是正义的，说谎还是讲真话？

友：显然是讲实话。

苏：那么说谎是不正义的？

友：是的。

苏：你认为哪个是正义的，欺骗还是不欺骗？

友：当然是不欺骗。

苏：那么欺骗是不正义的？

友：是的。

苏：嗯，那么，哪个是正义的，伤害还是帮助？

友：帮助。

苏：那么伤害是不正义的？

友：是的。

---

① ［C 本］绪腊科西亚的厄辟咖耳莫斯是一位早期的喜剧诗人。

苏：因而说真话、不欺骗、帮助是正义的，而说谎、伤害、欺骗是不正义的。

友：是的，向宙斯起誓，绝对是的。

苏：即便对敌人也如此吗？

友：当然不是！

苏：那么伤害敌人是正义的，帮助他们是不正义的？

友：是的。

苏：是不是伤害敌人是正义的，甚至你欺骗他们也如此呢？

友：必定如此。

苏：说谎以欺骗和伤害他们呢？这难道是正义的吗？

友：是的。

苏：你说过帮助朋友是正义的，是吗？

友：我说过。

苏：通过不欺骗他们还是欺骗他们，如果是为了他们的利益的话？

友：即使欺骗他们也是正义的，向宙斯起誓。

苏：但是，通过欺骗而帮助他们是正义的，而说谎却是不正义的？那么我们通过说谎以帮助他们是不是正义的呢？

友：即使我们撒了谎也将是正义的。

苏：那么似乎是，撒谎和讲实话都既是正义的又是不正义的。

友：是的。

苏：不欺骗和欺骗都既是正义的又是不正义的。

友：我想是的。

苏：伤害和帮助都既是正义的又是不正义的。

友：是的。

苏：因而，所有这类事情似乎都既是正义的又是不正义的。

友：在我看来是这样的。

苏：那么听着，我有一只右眼和一只左眼，不是吗，就像其他人一样？

友：是的。

苏：一个右鼻孔和一个左鼻孔？

友：当然。

苏：一只右手和一只左手？

友：是的。

苏：尽管你用相同的名称称呼这些东西，你却说一些是右边的，一些是左边的。如果我问你哪个是哪个，你难道不会说，这些在这边的是右边的，这些在另一边的是左边的吗？

友：会的。

苏：那么让我们回到我们的观点。尽管你用相同的名称称呼这些行为，你却说它们有些是正义的，有些是不正义的。你能说出哪些是不正义的，哪些是正义的吗？

6．正义、不正义与知识

友：嗯，我想如果并且当我们应当做它们时，这些行为中的每一个都将成为正义的；如果我们不应当做时，它们就都将成为不正义的。

苏：说得太好了！那么一个当他应当做时做了这些行为中的一个的人是做了正义的事，而一个当他不应当做时却做了这些行为中的任何一个的人却是做了不正义的事？

友：是的。

苏：难道不是那做正义之事的人他本人就是正义的人，而那做不正义之事的人他本人就是不正义的人？

友：没错。

苏：现在，是谁能够施行手术、进行灼烧、消除肿胀，如果并且当他应当这样做时？

友：医生。

苏：是因为他知道如何做，还是因为其他原因呢？

友：是因为他知道如何做。

苏：是谁能够锄荒、耕作、种植，当他应当这样做时？

友：农夫。

苏：是因他知道如何做，还是因他不知道如何做呢？

友：是因他知道如何做。①

苏：对于其他情况不也是这样的吗？如果并且当他应当做某事时，那懂得如何做的人能够做他应当做的事情；但是那不知道如何做的人不能做他应当做的事情。

友：是这样的。

苏：对于撒谎、欺骗、给予帮助情况又怎样呢？难道不是那懂得如何做的人当他应当做并且处于恰当的时间时，他能够做这些行为中的每一个，而那不知道如何做的人却不能做其中的任何一个行为吗？

友：是这样的。

苏：当他应当做时而做这些事的人是正义的。

友：是的。

---

① ［泰本］正是知识使人能辨别适当的场合。

苏：他做这些事是因为他的知识。

友：这又怎么了？

苏：那么一个正义的人是正义的是因为他的知识。

友：是的。

苏：难道不是不正义的人由于相反的原因而成为不正义的？

友：看来是这样的。

苏：正义的人之所以正义是因为他的智慧。

友：是的。

苏：不正义的人之所以不正义是由于他的愚昧无知。

友：我想是这样的。

苏：因而看起来好像正义就是我们的祖先们作为智慧传下来留给我们的东西，不正义就是他们作为愚昧无知传给我们的东西。

友：我想是这样的。

苏：人们是自愿地还是不自愿地愚昧无知？①

（二）结论：不正义者是不自愿地不正义的

友：不自愿地。

苏：所以他们也是不自愿地成为不正义的人。

友：看来是这样的。

苏：不正义的人是邪恶的人吗？

友：是的。

---

① ［泰本］坏事是出于无知，所以是非故意的。

苏：那么他们是不自愿地成为邪恶的和不正义的人？

友：当然。

苏：他们不正义地行动是因为他们是不正义的人。

友：是的。

苏：因而也是不自愿地［不正义行动］？

友：当然。

苏：很清楚的是，被自愿地做的事情不会不自愿地发生？

友：不会。

苏：不正义地行动之所以发生是因为存在着不正义。

友：是的。

苏：不正义是非自愿的。

友：是非自愿的。

苏：那么他们不正义地行动和成为不正义的、邪恶的人是非自愿的。

友：看来是非自愿的。

苏：那么在这种情况下，说唱人并没有说谎。

友：我想是没有。

二　《说唱人篇》疏评

（一）这是一篇"贫乏和无吸引力"的对话吗？

笔者在前面对《说唱人篇》的介绍中说过，哈钦森对该篇对话的评价很低，体现在他的这样一些表述中：主题上是

"几个相互分离的关于正义的问题"，"被以一种奇怪的贫乏和无吸引力的样式阐述"，"唐突的过渡，接近于不连贯"。那么，是否真如他所说的，这是一篇"贫乏和无吸引力"的对话呢？

通过前面的注解我们看到，这篇对话关于正义的几个问题是随着对话的推进逐步从宽泛到集中、从抽象到具体、从多个到一个推进的，被以一种引人入胜的巧妙方式阐述的，且对话各部分内容被合于常理地、自然而然地、合乎谈话逻辑地连接成一个有机整体。这就与哈钦森的看法完全相反。

为什么会有如此相反的观察呢？我们可以做出如下推想，由于库珀和哈钦森是英文版《柏拉图全集》的编者，他们对整个柏拉图对话有全面的了解，受柏拉图对话著名篇章的影响很深刻，因而有可能会以那些成就很高的对话的标准来要求这篇小对话，在这种高要求下，本篇对话当然就会被评价得很低。再者，也有一种可能，由于该篇对话是柏拉图一般性对话外的杂篇，编者并未引起高度的关注，甚至有可能把它当作伪作来对待，这样的话对它的评价自然也不高。最后，我们可以看到，本篇对话的英译者是安德鲁·贝克（Andrew S. Becker）而不是哈钦森本人，因而他对本篇对话的具体细节有可能并未细细地去体会，没有体会到本篇对话尽管没有浩瀚雄风般的文采，但是却也不乏某种秀丽式的美。

（二）苏格拉底为欺骗和偷盗提供理由了吗？

哈钦森在其导读中提到，"苏格拉底为欺骗和偷盗提供理由”是泼吕克剌忒斯撰文回应《说唱人篇》的作者所提出的不满之一。我们不禁要问，苏格拉底为欺骗和偷盗提供理由了吗？

我们从全篇对话中可以看到，与之相关的内容出现在第一部分的第五小节“正义、说谎与善”中。其一，通过仔细品读，我们并未看到“偷盗”方面的文字。其二，经过前面的注解，我们知道这一小节的主要目的在于驳斥对话者所表达的“说谎都是不正义的”这层含义，苏格拉底区分了对朋友和对敌人的不同做法，使我们看到说谎既可以是正义的，也可以是不正义的，从而驳倒了对话者的观点。这种关于“助友损敌”的论述在《理想国》中也出现过，它的目的并不是为说谎辩护，其实更主要的是为了往对话后面关于“只有那些有智慧的人才知道做应当做的事情”内容上引，最终引到“哲人才是自愿自主的人”这一观点上去。因而，“苏格拉底为欺骗和偷盗提供理由”的说法太片面和狭隘了，是一种曲解。

（三）哲人与主人

本篇对话的主要论题是论证“不正义地行动和成为不正义的、邪恶的人是非自愿的”，不正义的行不正义，是不正义的人，因为他们没有技艺，没有知识，没有智慧，是愚昧无知的人。他们的行为活动出于激情、欲望等非理智因素，他们是受驱动的动物，是无自主、不自由的奴隶。只有那些具有技艺、知识的智慧者才是自主的人，他们才自愿地行为活动，他们才是主人、自由人。而这种有智慧的人就是哲人，因而可以说只有哲人才是主人，才是自由人。苏格拉底与人谈话，就是要让激情的奴隶变成理性的主人。这是他作为哲人的使命。①

————————

① 可进一步对比《理想国》卷一和卷四关于"内在正义"的看法；有关柏拉图对"哲人新强者"的建构的讨论，参看包利民《古典政治哲学史论》，人民出版社 2010 年版。

《爱马者篇》

（或 "关于德性"，助产类的）

与《说唱人篇》一样，这篇对话也缺乏普通的柏拉图式的标题，可以被列为在古代柏拉图著作列表中 "没有标题的" 著作。其希腊文原稿的标题是 "关于德性" 或 "论德性"（英译为 On Virtue），根据这个标题及原文的内容，我们把副标题定为 "关于德性，助产类的"。就该篇对话的主标题而言，我们在对话中确实看到了很多人物的名字，但都不适合用作标题。然而，根据 337d—378a 的提示，我们知道苏格拉底与之对话的这个对话者是佩里克勒斯的两个儿子帕刺罗斯和克桑昔普泼斯中的某一个的爱恋者，而他们俩的马术非常出色，"不亚于任何一个雅典人"。"马" 在柏拉图对话的很多地方都出现过，是一个很重要的意象。而且，这个对话者在对话中 "援助他爱恋的青年们"。因而，我们可以推断这个对话者是一个 "爱马者"，他之所以爱恋这两个青年中的某一个，很重要的原因就是因为对马的喜爱。或者说可能他本来对马并不喜爱，但是由于他喜爱的青年是擅长马术的，因为这个缘故他自然也会对他的爱恋者的所爱也产生爱。所以，笔者把该篇对话的标题定为 "爱马者篇"。

在库珀本的英译本《柏拉图全集》中，该篇对话的导读也是由哈钦森写的，他在导读中非常简练地概括了本文的大意：一个人如何才能变得有德性？如果德性可教，就必定有它的老师。然而似乎并没有任何一个这样的老师，甚至雅典著名的贤人们都不能够把德性传授给他们自己的儿子，更不用说其他任何人了。德性也不是一种自然天赋，因为如果是这样的话，就会有致力于识别和培养它的训练师了，如同驯马师和体育教练那样。剩下的选择就是，那些享有德性的人得归因于诸神，而不是他们的禀赋，也不是他们的教导者。

接着哈钦森把该篇对话与柏拉图的另一篇对话《枚侬篇》（Meno，又译为《枚农篇》《美诺篇》《曼诺篇》）作了比较，他认为，所有来自柏拉图《枚侬篇》的段落都在该对话中再度出现，基本保持不变；在这篇枯燥无味的小对话中；377b—378c大约相似于《枚侬篇》93d—94e。他指出说，这一明显的雷同触犯了现代学者们的感情，但是肯定地，作者并没有希望隐藏从《枚侬篇》中的借鉴。相反，他从《枚侬篇》以及其他著名的柏拉图对话中借用论题和段落是一种引用它们的方式，从权威资料中为他的论点取得支持。他认为，该篇对话的主题并不是柏拉图学园中的普遍观点，柏拉图自己的立场远比我们这位作者的观点更为细致微妙，柏拉图的学生和学园第三代领袖色诺克刺忒斯写了一篇著作（现已佚）宣称德性可教，或许是在回应苏格拉底在《枚侬篇》中所提的问题：德性是否可教。

接着哈钦森提到该篇对话的创作时间，他说，如果该对话是老学园内部一次辩论的一部分的话，那么它就可以被追溯到公元前4世纪后半叶，当时亚里士多德和色诺芬正在探讨这个问题。

或者说该对话针对的是斯多亚派，该派主张德性可教，它的根据在于人的本性。如果是这样的话，它就可以被追溯到公元前3世纪中期，当时学园的领袖阿尔刻西拉奥斯正把新的重点放在柏拉图的文本著作上，从它们中提取怀疑主义的和反斯多亚主义的课程。

哈钦森着重谈到了该篇对话的主题。他说，在《爱马者篇》的结尾处所主张的观点：德性由于神的安排而产生，不仅呼应了柏拉图《枚侬篇》结尾处苏格拉底的谈论，它也是柏拉图观点"哲人应当统治并且他们的统治可以由于神的安排而得以实现"（《书信篇》第七篇 326a—326b，《理想国》473c—473d）的一部分，柏拉图在《法规篇》715e—716d 给出这一关于神的观点的神学支持。亚里士多德也使用见于《爱马者篇》结尾处的一些意象和表述（《尤德米亚伦理学》1246b37—1247a13 和 1248b3—7，《尼各马可伦理学》1145a20—29，《论政治》1284a3—11）。

最后哈钦森讲的是该篇对话的对话者，他列举了各种手稿的不同看法：大多数《爱马者篇》的手稿把对话者列为"苏格拉底、一个朋友"①，但有两个手稿说是"苏格拉底、枚侬"，有一个手稿说是"苏格拉底、希普泼特洛福斯［训马者］"。从对话本身看，苏格拉底是一个对话者是很清楚的，但这另外的三个称谓显然是后世学者的猜测。因而，它似乎在远古时代起就没有指明对话者是谁而被流传，另一篇名为《说唱人篇》的对话也是如此。这两篇对话还缺乏普通的柏拉图式的标题，可以被列为在古

---

① ［泰本］这次谈话也是在苏格拉底与一位在大部分柏拉图手稿中匿名的朋友之间进行的。

代柏拉图著作列表中"没有标题的"著作。在他们所编的这个英译本的译文中，他们称这个不知名的对话者为"朋友"。在伯内特的希腊语原文注释本中，把另一个对话者称作"养马者"（牧马者），笔者根据对话中的相关表述把这另一个对话者称为"爱马者"，理由如前已述。

一　原文翻译及注解

（一）探索德性

1. 德性是否可教

苏：德性可教吗？如果不可教，那么好人们是自然产生的呢，还是以其他方式产生的呢？

友：我现在无法给你一个答案，苏格拉底。

2. 获取德性的途径

苏：好吧，让我们考虑一下它吧。告诉我，如果有人想在专业厨师所具有的那种德性方面变好，他要怎么做呢？

友：显然是通过向好厨师学习。

苏：好。现在，如果他想成为一名好医生，他要去找谁可以使自己成为一名好医生呢？

友：显然是要去找一名好医生。

苏：如果他想在专业建筑师所具有的德性方面变好呢？

友：他要去找一名建筑师。

苏：如果他想在有智慧的好人所具有的德性方面变好呢，他必须去哪里学习它呢？

友：这个德性，同样地，如果它是可以习得的话，我想必定得去好人那里学习，还有其他哪儿吗？

苏：那么告诉我，谁是我们这个城邦的好人呢？让我们考虑一下是否这些人是使人变好的人。

友：他们是舒库狄德斯，塞米司托克勒斯，阿里司汰德斯，伯里克利。

苏：我们能为他们中的每一位说出一个老师吗？

友：不能，我还没有听说过有人是［他们的老师］。

苏：那么，我们能说出他们的学生来吗？无论是外邦人还是本邦同胞，或其他任何人，无论是自由人还是奴隶，这个学生因通过与这些人的交往变得既智慧且善而享有声名。

友：我还没有听说过任何这样的人。

苏：难道会是他们太好嫉妒而不愿与他人分享他们的德性吗？

友：也许是吧。

苏：就像厨师、医生和建筑师们好嫉妒——这样他们就不会有任何对手。因为对他们而言拥有许多对手或生活在许多相似专业人士中间是没有好处的，是不是类似地对好人们而言，生活在与他们自己相似的人中间没有好处呢？

3.考察德性传教的可能性：德性不可教

友：可能是的。

苏：但是他们不是正义的，而且还是善的人吗？

友：是的。

苏：难道不生活在好人中间，而生活在坏人中间对某人有利吗？

友：我无法告诉你。

苏：好吧，那么你能告诉我这个吗？为害是好人的工作，助人是坏人的工作，还是相反？

友：是相反。

苏：因而，好人助人，坏人为害？

友：是的。

苏：是否有人想被伤害而不想被帮助呢？

友：当然没有。

苏：因而，没有人想要生活在坏人中间而不是好人中间。

友：是这样的。

苏：因而没有好人会太好嫉妒而不愿使其他人变好和类似于自己。

友：根据论证显然没有。

苏：你听说过克乐奥方托斯是塞米司托克勒斯的儿子吗？

友：听说过。

苏：难道不是很明显：塞米司托克勒斯不会嫉妒他的儿子变得最好吗？塞米司托克勒斯是一个不会对任何人那样嫉妒的人，如果他真的是像我们所承认的那样的好人的话。

友：是的。

苏：你是否知道塞米司托克勒斯教过他儿子成为一个专业马术师——他能直立着骑在他的马上，并以这种姿势投掷标枪，他还能表演许多其他非凡的绝技，他的父亲在许多其他需要好老师的事情上教他，并使他成为专家。你难道没有从老一辈人那里听过这吗？

友：听过。

苏：因而没有人可以批评他的儿子自然能力很差。

友：确实不可以，至少从你所说的来看。

苏：对此又怎么样？你听人——不管是年轻人还是老年人——说过塞米司托克勒斯的儿子克乐奥方托斯是一个智慧且良善的人吗，就像他父亲是个智慧的人那样？

友：从来没有。

苏：那么，我们是不是可以设想，他想教他儿子那些绝技，但他不想让他的儿子在他自己所享有的智慧上比他的任何一个邻居更好，如果德性确实可教的话？

友：这不太可能。

苏：不过他正是你所建议的那种德性教师。还是让我们考虑一下另一个人，即养育了吕西马廓斯的阿里司汰德斯吧。在各种需要老师的事情上，他给了他儿子最好的雅典教育，但他却没有使他的儿子比任何其他人更好，你我都知道这一点，因为我们都在他身上花过时间。

友：是的。

苏：你也知道，伯里克利，养育了他的儿子帕剌罗斯和克桑昔普泼斯，事实上，我认为你是爱上了其中的一个。如你所知，他教他们马术（他们不亚于任何一个雅典人）、文化技艺、体育技能，他在每一项有老师的技艺上把他们培养得与任何人一样好，然而他却不想让他们成为好人吗？

友：或许他们会成为好人的，苏格拉底，要不是他们早逝的话。

苏：你来援助你的爱恋青年们，这是很公正的。但如果德性是可教的，并且如果它有可能使人变好，那么伯里克利肯定会在他自己的德性方面让他的儿子成为专家，而不是在文化技艺或体育竞赛方面了。但它看起来并不是可教的，因为舒库狄德斯同样地也养育了两个儿子，枚勒西雅斯和斯忑法诺斯，你并不能对他们说你所说过的关于伯里克利的儿子的话，因为你很清楚地知道，他们一个活到了晚年，另一个活得更久。事实上，他们的父亲很好地教了他们，特别是把他们教成了雅典最优秀的摔跤手。他把一个儿子送到了克桑昔雅斯那里，另一个送到了尤多罗斯那里，他们不是被认为是当时最优秀的摔跤手吗？

友：是的。

苏：所以很明显，当他能够不花费任何东西而使他的孩子们变好时，他是绝对不会教他们不得不花钱的事情的；如果是能教的话，难道他会不教他们变好吗？

友：看起来是这样的。

苏：但也许舒库狄德斯是个平民，他在雅典人和他们的盟友中没有很多朋友吗？不过，他来自一个伟大的家庭，他在雅典这里和其他贺尔拉什城邦中能做各种伟大的事情。所以，如果德性可教，他会找个本地的或外地的能让他的儿子变好的人，如果他自己因为他的政治事务而没有时间的话。不，我的朋友，看起来好像是德性不可教。

4. 考察德性的生成：德性不是天生的

友：可能是不可教。

苏：好的，如果德性并不可教，那么人是天生好的吗？如果我们以下面的方式仔细观察一下，也许我们会发现答案。我们是否认为好马有各种特定的天性？

　　友：有。

　　苏：难道不是有些人有技术知道各种好马的天性，即哪些身体适合赛跑和精神昂扬或慵懒疲软吗？

　　友：是的。

　　苏：那么，这个是技艺吗？它具有什么名称呢？

　　友：驯马术。

　　苏：同样地，对于猎犬，是否有某种人们可以分辨出狗的好坏的技艺呢？

　　友：有。

　　苏：它是什么？

　　友：驯犬术。

　　苏：对于黄金和白银情况怎样呢？我们是否认为有能够通过观察而从假的钱币中分辨出真的钱币的钱商呢？

　　友：有。

　　苏：你把他们叫作什么？

　　友：验钱家。

　　苏：再者，体育教练通过观察知道哪些人体特征对每项体育运动好或坏，在大龄人或年轻人中哪些将成为他们最有价值的特征，以及他们的身体能在哪方面表现优异，体育教练将寄予厚望。

　　友：那是真的。

　　苏：对城邦而言，好马、好狗，等等，或好人，哪个更重要？

　　友：好人。

苏：呃？你不认为，如果人们具有利于德性的天生特征的话，他们将会尽一切努力去认识它们吗？

友：很有可能。

苏：现在你能告诉我哪一种技艺是用于而且能够判断好人的各种天生品质的吗？

友：不，我不能。

苏：不过它肯定会是相当有价值的，那些拥有这种技艺的人也一样，因为他们可以告知我们哪些还是孩童的年轻人会成为好人。我们将用公费把他们带到雅典卫城并保护他们，就像对待金银那样，而且更加仔细，这样就没有来自战争的或来自任何其他危险的伤害会降临到他们身上。他们将被保存起来，当他们长大时作为城邦的护卫者和施益者。但实际上，我敢说，人们变得具有德性既不是天生的，也不是教成的。

（二）结论：德性是神灵感动的结果

友：那么你认为，苏格拉底，他们是如何变得具有德性的，如果既不是天生的也不是教成的？他们除此以外还能怎样成为好人呢？

苏：我不认为解释这是很容易的。不过，我的猜测是，拥有德性是一个非常神圣的礼物，人们成为好人恰如神的先知和传神谕者一样。因为他们成为他们所成为的样子既不是天生的，也不是通过技艺而成的，而是通过神的灵感使他们成为他们所是的样子。同样地，好人是通过神的灵感比算命先生们更好地和更清晰地对他们的城邦宣布各种事件的可能结果和将要发生的事情。即使是女人们，我认为，也说这样的人是神灵感动的。而且，拉刻代蒙人每当以很高的规格赞扬某人时，都说他是神灵感动的。荷马经常使用同样的称赞，就像其他诗人一样。事实上，每当神希望一个城邦变得成功时，他就把好人们置于其中；每当一个城邦注定要失败时，神就把好人们带离那个城邦。因而看起来是：德性既不是可教的也不是天生的，而是通过神的安排而临到那些它的拥有者的。

二　《爱马者篇》疏评

（一）德性是什么：技艺的德性与智慧的德性

本篇对话开篇提出的论题是：德性可教吗？而对于德性是什么却没有提及，按照惯常的做法，苏格拉底往往都会在具体的××和××本身之间做出区分。虽然本篇对话的主题不在于探讨什么是德性，但是在对话中我们还是看到了这种区别，即技艺德性与智慧德性的区别，亦即具体德性与德性本身的区别。显然，对这一区别进行深入的探讨也不是本篇对话的重心所在，本篇对话之所以提到技艺德性与德性本身的区别，是为了论证德性不可教。那么，对话提到了二者之间的什么区别呢？

苏格拉底为我们指出：厨师、医生和建筑师们这些具有技艺德性的人是会嫉妒的，因为这样他们就不会有任何对手，因

为对他们而言拥有许多对手或生活在许多相似专业人士中间是
没有好处的；而拥有德性本身的好人则不然，他们是正义的，
而且还是善的人，是乐于助人、希望生活在好人中的人。因
而，没有好人会太好嫉妒而不愿使其他人变好和类似于自己。
我们在《定义集》中可以看到对"嫉妒"的定义①，即"被朋
友们现在的或过去的好东西所折磨苦恼"，根据我们的注解，
嫉妒是德性缺失的表现，是一种人的劣根性。因而，我们可以
说，一个拥有技艺德性的人也可能是德性缺失的人，即拥有技
艺德性的人并不一定就是有德性的人。相反地，一个有德性的
人并不一定拥有各种具体的技艺德性。那么有德性的人其德性
体现在什么地方呢？由于有德性的人也是正义的，而且还是善
好的人，因而我们可以根据《说唱人篇》374e—375b 的相关内
容做一下简单的描述：如果我们应当做某事时做了这事我们就
是做了正义的事，我们也就是正义的人，而做不正义之事的人
就是不正义的人。进一步说，只有当我们知道如何做应当做的
事时，我们才是正义的，即有知识、有智慧的人才有可能是正
义的人，但是这种知识与智慧跟技艺知识不同，因为拥有技艺
知识的技师也可以用他的技艺来行恶，而有德性之人是善的
人，不会行恶。因而，我们可以说有德性的人的德性体现在他
的智慧上，至于智慧又是什么，我们又得另外再作深入的
探讨。

---

① 《定义集》168。

（二）如何获取德性

我们认为，本篇对话的重要之处并不在于论证了德性既不可教也不是天生的，也不在于提供了德性是神的安排而获得的这么一个观点，而在于引起我们对这样一个问题的思考：如何获取德性？我们可以试着从本篇对话中去发现一些有用的启发。

首先，德性与技艺的关系。各种技艺具有知识的成分，因为正如《说唱人篇》所说的，只有医生知道如何施行手术、进行灼烧、消除肿胀，只有农夫知道如何锄荒、耕作、种植——当他们应当这样做时。所以，技艺也是获取德性的一个途径，我们不能盲目排斥技艺。但是，拥有技艺的技师也会嫉妒，也会利用其技艺行恶，因而绝不能把技艺德性与德性本身混为一谈。

其次，德性与传授的关系。虽然对话表达了德性不可教的观点，但是"德性由于神的安排而产生"还是可以说成是一种传授关系，即由神传授给人。从对话中我们知道，至少我们还是可以说出一些现实中我们认为是有德性之人的名字的，比如"舒库狄德斯，塞米司托克勒斯，阿里司汰德斯，伯里克利"等。这些有德性之人对于他们是如何成为有德性之人的总该是有智慧的、有知识的，如果我们能够从他们成为贤人的方式中有所感（被神灵感动）而也成为有德性的人，这也就可以说成是一种传授关系了。有智慧的贤人中有可能存在着一种具有传授智慧知识的人，他的作用就相当于神在传授他的德性。因而在这种意义上说，德性是可教的。在笔者看来，哲人们所做的工作就是传授德性知识。在对话中苏格拉底提到了一个事实：德性的传授与血缘的亲疏并没有直接的关系，但是与正义、良善有关系。因而，我们不要因为疏而妄自菲薄，也不要因为亲而得意忘形。另外，也可以从去除不正义和不善的意念和行为方面对自己做减法治疗，这样我们至少会与贤人们更相近、相似。

最后，德性与神的安排的关系。既然我们能否获得德性是受神安排的，那么我们就不可去强求获取德性，而应当虔敬地服从神的安排。

《德莫哆科斯篇》

（或"关于真实"，探问类的）

　　这篇对话在库珀英译本《柏拉图全集》中也是由哈钦森撰写的导读，他首先说到的是本篇对话的各部分之间的结构。他说，《德莫哆科斯篇》名下的内容似乎是由两篇单独的作品组合而成的：一篇是对德莫哆科斯说的辩驳集体决策的独白（一）①；一篇是提出对常识的三个原则的怀疑的对话三部曲（二—四）。该三部曲也许是列于柏拉图长久以来被说成是"无标题的"作品中的一篇，连同《说唱人篇》和《爱马者篇》。从某个方面说，某位抄写员似乎把三部曲意外地附缀到了《德莫哆科斯篇》（一）的后面②，这导致了所有后面各部分具有了扩展的样式。③ 其实，

---

　　① ［泰本］它是苏格拉底直接向包括德莫哆科斯（塞雅葛斯的父亲）的听众发表的高谈阔论的长篇演说。

　　② ［泰本］这篇拖沓的演说结束了。紧接着的似乎是一系列独立的逸事，与前面已进行的事情毫无共同之处，只是苏格拉底明显是讲述者，以及每一桩逸事都体现一种颇不成熟的两难推理。

　　③ ［泰本］这些逸事的这种拖沓而乏味的文风，说明它们与德莫佐库所发表的那篇笨拙的高谈阔论的演说稿出自同一个人的手笔。鉴于作者缺乏表达能力和喜爱无效的"争辩术"，他一定是智力低下的人。我怀疑他是否准备把他们的那些短文组成一个连贯的整体。

笔者认为还有一种可能，那就是这种安排也可能是编订这篇对话的编者有意把它们安排在一起的。这就要进一步问了，这种安排有其合理性吗？我们通读了全篇对话后可以知道，所有内容其实都与质疑常识观念中的真实有关，而且都是以质问的方式进行探讨的。虽然后面的对话三部曲没有指明讲述者是讲给谁听的，但是我们可以合理地设想是苏格拉底在向德莫哆科斯讲述，这对于整篇对话的主题等都丝毫不会产生任何问题。因而，我们把这篇对话视为一个有机的整体，把它设想为是苏格拉底在向德莫哆科斯讲述他对一些常识观念所进行的探讨。并且，笔者依照施剌绪尔罗斯的双标题做法，把本篇对话的副标题拟为：或"关于真实"，探问类的。

对于《德莫哆科斯篇》（一）哈钦森首先说到的是它的大意，苏格拉底拒绝了德莫哆科斯要求他对不久就要在一个公共集会上讨论的问题提供建议的请求。他代之以辩解，整个集体决策的程序（提出建议，听取建议，投票决定问题）是荒谬可笑的。他说这篇对话的内容（与《西绪福斯篇》有重叠）和论证风格（大体上是依据两难推理演绎）都显然是柏拉图式的，尽管独白的形式是不常见的。他还指出，对话人德莫哆科斯也在《塞雅葛斯篇》中出现过，在那里他赞同苏格拉底认为建议是某种神圣的东西。对于编订时间，他说这一部分可能迟于公元前 4 世纪中期，也许还要更迟。

对于《德莫哆科斯篇》（二、三、四）哈钦森也是首先介绍大意：叙述者（我们很可能都倾向于认为他就是苏格拉底）提到了三个谈话，都由匿名的第三者介入，他质疑常识的某些原则。他被导致处于对这些原则的怀疑之中，这种怀疑是读者期盼分享的。

哈钦森提到了一个很重要的观点，他认为，常识的各种原则貌似有理，但是为了权衡它们的貌似合理性，从另外一个角度的论证得到了推演，使得读者具有一个更为开明的心智。他指出，这是一种由怀疑派哲学家阿尔刻西拉奥斯及其后的领袖所领导的学园信徒们所实践的技巧，这表明这些对话出于公元前 3 世纪中期，或者更迟。

笔者把这篇对话当作是苏格拉底对四个常识领域中的观念进行探讨的一篇有机对话，因而在下面的译解中，笔者把它分成四个部分来进行：（一）探讨建议中的真实；（二）探讨听取意见中的真实；（三）探讨批评中的真实；（四）探讨信任中的真实。

一　原文翻译及注解

（一）探讨建议中的真实

1. 会议与建议无关

你邀请我①，德莫哆科斯，为你们正要开会讨论的各种问题提供建议，但我更想问你：你们的会议、那些想为你提供建议的人们的积极性、你们每个人都打算投表决票的意义是什么？假设一方面，为你们正要开会讨论的各种问题提供良好的和有见识的建议是不可能的，那么肯定的，召集会议讨论不能就问题给出好的建议是荒谬可笑的；假设另一方面，对这些问题提供良好的和

---

① ［C 本］对话没有说明发言者是谁，但很明显地被有意地认为是苏格拉底。

有见识的建议是可能的，那么肯定的，如果没有以之为基础而有可能对这些问题给出好建议的知识，那将会是荒谬可笑的；如果有某种以之为基础而能够对这些问题给出好建议的知识，那么就必定有一些人其实知道如何为这些问题提供好建议。如果有一些人知道如何为你们正要开会讨论的问题提供建议，那么必然地你自己的情形就是：要么你知道如何为这些问题提供建议，要么你并不知道这样做。剩下来的要么就是你们中有些人知道而其他人并不知道。现在如果你们全都知道，为什么你们还需要集会以讨论这个问题呢？你们中的每一个人都能够提供建议。如果你们中没有人知道，那么你们怎么能讨论这个问题呢？如果你们不能讨论这个问题，那你们将从这个集会中获得什么呢？如果你们中有些人知道而其他人并不知道，并且如果后者需要建议，那么肯定的，假定一个明智的人为那些无知的人提供建议是可能的，一个人去为你们中那些缺乏知识的人提供建议就足够了。因为假定那些知道怎样提供建议的人全都提供相同的建议，这样你们就应当听一个人的建议，然后有了它就行了。但这并不是你们实际在做的事：你们是想要听许多个建议者的建议，你们认为那些试图为你们提供建议的人并不知道他们正要对之提供建议的各种问题，因为如果你们认为你们的建议者们确实知道的话，那么当你们只听了他们中的一个时就会感到满意了。现在召集会议以听取并不知道这些问题的人们的建议肯定是荒谬的，你们还心想着能够在那里获得某些东西。

2. 提建议的积极性与建议无关

这就是你们的会议困惑着我的问题，关于那些想为你提供建议的人们的积极性，存在的是以下的困惑：假定他们没有给出相同的建议，尽管他们都是在为相同的问题提供建议，那么如果他们没有给出某个提供好建议者所给出的建议，他们所有人又怎么能是在提供完好的建议呢？人们积极地对他们毫无所知的问题发表建议难道不是荒谬可笑的吗？因为如果他们是明智的，他们将不会选择提供不好的建议。但是，如果他们提供的是相同的建议，那为什么需要他们所有人都来提供建议呢？他们中的一个人提供这个建议就足够了。现在肯定的，积极地做某种一无所获的事情是荒谬可笑的。因而那些无知之人的积极性不能不是荒谬可笑的，假定事实如此的话。而明智的人在这种情况下将不会积极有为，正如他们知道的，如果他作为义务而提供建议，他们成员中的任何一个都将具有同样的效果。所以要弄清楚那些想为你提供建议的人们的积极性怎么能是荒谬可笑以外的任何东西时，我就变得迷茫了。

3. 投票与建议无关

要把握你们打算投的表决票的意义，我尤其感到困惑。你们是在评判那些知道如何提供建议的人吗？他们至多不超过一个人提供建议，他们也不会对相同的问题给出不相同的建议，所以你们将不需要对他们投任何表决票。或者你们是在评判那些无知的和不提供他们应当提供的建议的人吗？你们应当不允许这种比疯子还强的人提供建议。但是，如果你们既不打算评判明智的人，也不打算评判无知的人，那么你们是在评判谁呢？不管怎样，如果你们能够评判这类事情，那你们为什么还需要其他人来为你们提供建议呢？如果你们不能评判这类事情，那你们的决票的意义又是什么呢？肯定的，你们开会以听取建议是荒谬可笑的，这表明你们需要建议，你们自己不能提供建议。然后会集在一起认为你们应该投票，这表明你们不能评判。因为几乎不可能是这样的：作为个人，你们是无知的，然而会集在一起后，你们变得智慧了；或者是，独处时你们困惑不已，然而聚集到同一个地方后，你们不再困惑了，而且变得能够明白你们应该做的事——所有这些都不是通过向任何人学习或你们自己发现事情。这是所有事情中最特别的：假定你们不能明白应当做什么，你们将不能评判任何对这些问题为你们提供好建议的人。你们的这个只是一个人的建议者也将不会说他会教你们明白你们应当做的事，并且还会教你们评判那些为你们提供差的或好的建议的人们，因为他拥有如此少的时间而你们又是如此人数众多，这将明显地与前面的假设同样特别。但是，如果既不是集会也不是你们的建议者使你们能够评判，那么你们的投票的用处是什么呢？

肯定的，你们召集会议与你们投票表决、你们投票表决与你们的建议者们的积极性是矛盾不一致的。因为你们召集会议表明你们不能提供建议而需要建议者，然而你们投票又表明你们并不需要建议者而能够评判和给出建议。你们的建议者们的积极性表明他们拥有知识，然而你们的投票又表明建议者们并不拥有知识。而且假定，在你们已经投了票之后和他已经为你们就你们正在为之投票的任何事情提供了建议之后有人问：如果你们为了它而打算把你们已经投了票的事情付诸实践的目的将要实现，你们是否知道。我并不认为你们会说你们确实知道。再者，如果你们打算为了它而行动的目标要实现了，你们是否知道它将对你们有利呢？我并不认为你们或你们的建议者会说你们知道。如果有人进一步问，你们是否认为任何人都知道这些事情中的任何事情。我并不认为你们会承认你们知道。现在当你们对之给出建议的这类问题对你们是不清楚的时候，当投票者们和建议者们是无知的时候，正如你们自己将会同意的，合乎情理地人们经常失去信心和改变他们对于他们对之接受建议和对之投票的任何事情的想法。但是这样的事情应当不会发生在好人身上，因为他们知道他们对之给出建议的各种问题是什么样的，以及他们已经说服了的那些人将肯定地会达到他们因为它的缘故而提供建议的目标，以及他们和那些他们已经说服了的人们将都不会改变他们的想法。

4. 小结：好的建议者是对建议本身提建议

因而我认为，一个明智的人对这种类型的各种话题提供建议，而不对你邀请我对之提供建议的各种问题提供建议是恰当的。因为对前者的建议以成功为结果，对后者的胡说以失败告终。

（二）探讨听取意见中的真实

1. 常识主张兼听

我目睹了一个人指责他的同伴，因为他［的同伴］在尚未倾听辩护者而只是倾听了控告者时就相信了控告者。他说他的同伴正在做某种可怕的事，他的同伴既没有亲眼看见发生的事情，也没有倾听已经目睹了该事且他可以合理地相信其言辞的这个人的朋友们，就预先谴责了这个人，在没有兼听双方的情况下他轻率地相信了控告者。正义要求在做出表扬或指责之前，和倾听控告者一样，也要倾听辩护者。任何人如果他尚未兼听双方，他怎么能公正地决断一个案子或恰当地评判人呢？因为就像评判紫骨螺的紫色和金子一样，经过比较之后再评判这些言论更好。为什么要把时间分配给双方，或者为什么法官们发誓要公正地兼听双方，除非立法者认为这样案子会得到更公正和更好的审判。在我看来，你甚至没有听过那句大众们所说的话。

什么话？他说。

"绝不要在兼听双方的申述之前判决一个案子。"如果不是一句正确和恰当的话，它几乎不可能流传这么广泛。所以我建议你，他说，以后不要这么贸然地指责或表扬人。

2. 真实与意见多少无关

他的同伴回答说，在他看来很清楚，如果不能说出一个说话者是在说真话还是在说假话，却能够说出两个说话者是在说真话还是说假话，这将会是荒谬可笑的。或者如果向某个说真话的人学习是不可能的，而在同样的事情上受这同一个人与某个说假话的另一个人一起教导却是可能的；或者如果一个说得正确和真实的人不能使他所说的事情清楚，而其中有一个说得虚假和不正确的两个人却能使那个说得正确的人不能使之清楚的事情变得清楚，这些都将会是荒谬可笑的。

我对下面这一点也感到困惑，他说，他们怎么会使问题变得清楚，通过沉默还是说话？如果他们通过沉默而使问题变得清楚，那么就不需要倾听任何一方了，更不用说双方了。如果他们俩都是通过说话而使问题变得清楚，然而肯定地并不是两个一起说（每一个都被要求按次序说），那么他们俩怎么能同时使问题变得清楚呢？如果他们俩要同时使问题变得清楚，那么他们将同时说话，而这是不被允许的。因此如果他们通过说话而使问题清楚，只能是他们中的每一个通过说话而使问题清楚，当他们中的每一个说话时，他们中的每一个便使问题清楚。因此一个人将先说，另一个人则后说。一个人将首先使它清楚，其次是另一个人使之清楚。然而如果每一个人按次序使相同的事情清楚，那为什么你还需要倾听后一个说话者呢？问题将已经被先说的人弄清楚了。而且，他说，如果两人都使问题清楚，那么肯定地他们中的每一个人都使问题清楚了。因为如果两者中的一个并未使某事清楚，那么他们怎么能两人都使问题清楚呢？但是如果他们中的每一个都使问题清楚，那么明显地先说的那个人也将先使问题清楚了。所以单独倾听他之后说出事情所处的状态是怎样的难道不是可能的吗？

3. 小结：与读者共勉

当我倾听了他们时，我自己感到困惑不解，不能形成判断——尽管其他在场的人说第一个人说的是真话。所以如果你能的话，请帮我一下这件事：当一个人说话时，你能评估他所说的是什么吗？或者如果你要知道他是否在说实话，你是否也需要他的对手？或者是不需要倾听双方？你是怎么认为的呢？

（三）探讨批评中的真实

1. 由信任引发的批评

几天前，有人在批评一个人，因为他此前一直不愿意信任他和借钱给他。被批评的那个人正在为自己辩护，另外有个在场的人问那个批评者犯错的人是否是那个不信任他和不借钱给他的人。或者，他说，在没有说服他借钱给你上，难道你没有犯错吗？我哪儿出错了？他回答说。

2. 过错与正当

你认为谁出错了，他说，是错失得到他想要的东西的人，还是得到他想要的东西的人？

是错失得到的那个，他回答。

你错失了，他说，因为你想要贷款，而他不想借贷给你，且在这方面他并未错失。

是的，他回答，但是即便他并未给我钱，我又在哪里出错了？

好的，他说，如果你向他索要你不应该索要的东西，那么肯定的，你会意识到你犯错了，而并没有把它给你的他则是对的。如果你向他索要你应该索要的东西，那么肯定的，你错失得到它就必定犯错了。

也许吧，他回答，但是肯定的，他不信任我是错误的。

好的，他说，如果你正如应当的那样与他交往了，你就根本不会出错，是吗？

确实不会。

那么事实上，你并未如你应当的那样与他交往。

显然没有，他说。

所以，如果他因为你没有像你应当的那样与他交往而没有被说服，你怎么能正义地批评他呢？

3. 不正当与批评

我没什么可说的。

一个人不必对行为恶劣的人们体贴关照。你对此也没什么可说的？

很对，他说，这的确。

但是，那些不像他们应当的那样与人交往的人们难道在你看来不是行为恶劣的吗？

他们确实是的，他回答。

那么，如果他当你行为恶劣时不对你体贴关照，他做错了什么呢？

看来根本没做错什么，他说。

那么到底为什么，他说，人们会以下面这种方式相互批评指责呢？指责那些他们没有说服的人们没有被说服，却从不批评他们自己至少没有说服他们？

另外那个在场的人说，假设你对某人表现得很好且帮助了他，然后当你要求他以同样的方式对待你时他拒绝了，肯定地在这些情况下你可以合理地指责他。

这个你要求以同样的方式表现的人，他说，要么能够要么不能够公正地对待你，不是吗？如果他不能，那么肯定地你在要求他做他所不能做的事情时没有做出一个公正的要求；如果他能，那你怎么会错失说服一个这样的人呢？人们说这样的话怎么能是公正的呢？

4. 批评的正当

该死的，他回答道，他就应该批评这种行为，以便将来他会对他以及他的其他听过他的批评的朋友们表现得更好。

你是否认为人们会表现得更好，他问道，如果他们听到某人说话恰当和提各种恰当的请求，还是如果他们听到某人出错了。

如果听到某人说话恰当，他回答。

但是你认为他没有提出恰当的请求？

对，他说。

那么肯定的，当人们听到这样的批评时，他们将不会表现得更好？

对，他们不会，他回答。

那么这样指责有什么意义呢？

他说他无法找到一个答案。

（四）探讨信任中的真实

1. 常识反对轻信

有人指责一个人轻信，因为他很快就相信任何一个向他说话的人。信任你的同胞和亲属是合理的，但是当你清楚地知道大多数人都是无赖和骗子时，你还信任那些你以前从未见过或听过的人，这就不是一个很小的单纯的表现了。

2. 轻信与真实

那些在场的人中的一个说道，我认为你要敬重那迅速领会各种事物的人，不管它们是什么，而不要敬重那迟钝的人。

我确实是这样的，那第一个人回答说。

那你为什么要批评指责他，他说，如果他迅速地相信任何说真话的人？

但我并不是批评他这点，他回答道，而是因为他很快相信那些并不说真话的人。

但是，假设他付出信任时花更长的时间，并且不相信那些遇到的人，然后被欺骗了，那你不是将会更严重地批评他了吗？

我会的，他回答道。

是因为他很慢相信人且没有信任任何人吗？

3. 轻信与谨慎

当然不是，他答道。

不，他说，我敢肯定你并不认为因为这个原因而批评一个人的做法是正确的，而更应当是因为他相信了那些说不值得相信之事的人们。

的确是的，他说。

那么你是否认为，他说，批评他很慢相信人和不信任遇到的人是不正确的，而批评他很快相信人和信任遇到的任何人却是正确的吗？

不，我并不这么认为，他答道。

那你为什么批评他呢？他问。

因为他在还没有考虑过这个问题时就信任任何遇到的人和很快地相信他们，这是错误的。

但是，如果他在还没有考虑过这个问题时很慢地相信他们，他就不会出错了吗？

当然他会，他答道，那样他同样会出错。我想应当是，他不应该相信任何遇到的人。

4. 陌生人与真实

如果你认为他不应该相信任何遇到的人，他说，那么肯定的，他不应该很快地相信陌生人。相反，你认为他应该首先考虑他们是否在讲真话。

5. 熟人与真实

我是这么认为的，他答道。

如果他们是朋友和亲戚，他就不需要考虑他们是否在讲真话吗？

我应该说他确实需要考虑，他答道。

因为或许甚至这些人中的某些人也会说不值得信任的话？

的确是的，他答道。

那么为什么，他说，信任你的朋友和亲戚而不信任遇到的任何人是合理的呢？

我无法说，他答道。

再者，如果你应该信任你的亲属而不信任遇到的任何人，难道你不也应该认为他们比遇到的任何人更可信吗？

当然，他答道。

那么如果他们是某些人的亲属和其他人的陌生人，肯定地你将必定认为他们比他们自己更可信。因为你不应该认为亲戚和陌生人是同等可信的，或者你不这样说吗？

我不能接受这点，他答道。

同样地，他说，有些人会信任他们所说的，而其他人则会认为它不值得信任，没有哪一方会是错的。

6. 真实与亲疏无关

这也是荒谬的，他答道。

再者，他说，如果亲戚们与遇到的任何人所说的事情是相同的，那么肯定的，他们所说的将同等地是可信的或不可信的。

必然如此，他答道。

那么你不应该对任何说这些事情的人付出相同的信任吗？

7. 与读者共勉

这看起来是合理的，他答道。

当他们以这种方式讨论时，我对到底我应该和不应该信任谁，以及我是应该信任值得信任的人和那些知道他们在谈什么的人，还是应该信任亲戚和熟人，感到困惑不已。对此你有什么想法？

二　《德莫哆科斯篇》疏评

（一）哲人教师与常识中的教师

在《德莫哆科斯篇》第一部分的结尾，讲述者为我们指出：

一个明智的人对各种常识概念本身提供反思建议，而不对人们所遇到的各种具体问题提供建议是恰当的。因为对前者的建议以成功为结果，对后者的胡说以失败告终。这里指出了哲学与常识、具体科学的区别，哲学所探讨的是本体论意义上的各种问题，与作为实是者的本体相关，经过探讨，人们的思想走的是一条上升的道路；具体科学通过归纳法等手段，达到一些具体的实践性结论，人们的思想走的是一条下降的道路。

由此可见，哲人并不反对"好为人师"，他们以无知的心态与提问者一道共同探讨真理的问题，针对众多的常识观念进行反思，使人达到更为开明的心智。他们反对的是对具体问题胡乱地提供建议，因为这种建议往往导致失败。既然哲人作为教师，他们所提供的建议与真理有关，与实是者的本体有关，那么我们就可以理解为什么说德莫哆科斯在《塞雅葛斯篇》（*Theages*，又译为《塞阿革斯篇》《忒阿格斯篇》）中会赞同苏格拉底认为"建议是某种神圣的东西"的观点了。

（二）哲学的真与逻辑的真

在第二部分的对话中，讲述者为我们指出，如果听了一方的话后，知道他们是在说真话，就用不着"兼听"或"多听"其他人的话了。这里涉及一与多的问题，哲学追求的是作为"一"的真实者，在讲述人的眼中，任何人所说的话要么为真，要么为假。如果一个人说的是体现真实者的话，就用不着听第二个、第三个了，他反对"百家争鸣""集百家之长""博采众长"。哲学所追求的真理，本身就是美好的，是真、善、美的统一体，达到了真也就达到了一切，是人类永恒的本体论追求，是人的生存意义的终极价值。

　　还有另一种真，即逻辑上的真，是与假相对的真，这种真体现为一种与客观标准的一致相符，或与事实相符，它并不一定就是善的或美的，只是注重逻辑的一部分人的追求目标。我们可以举一个例子，《圣经·旁经》第九卷"稣珊娜传"（又译"苏撒拿传""苏珊娜传"）为我们记载了一个经典的使用逻辑的真判断案子的实例，达尼耶尔把两个士师分开，分别审问他们所看到的稣珊娜与另一名男子偷情的地点在哪里，其中一个说"在一棵乳香黄连树下"，另一个说"在一棵红栎树下"，结果他们的答案不一致而违背了逻辑的真。从而，达尼耶尔根据这个逻辑上的真把这两个罪恶的士师正义地惩处了。[①] 这里的逻辑上的真只是在这次审案中得出一个结论，使案子得以公正地审理，但是这与那种苏格拉底可以为之从容地面对死亡的哲学所追求的真理是不同的。

---

　　① 见《圣经·旁经》第九卷《稣珊娜传》。参见《圣经次经》，赵沛林、张钧等译，时代文艺出版社 1995 年版，第 336—342 页；Lancelot C. L. Brenton, *The Septuagint with Apocrypha*: *Greek and English*, London: Samuel Bagster & Sons, Ltd., 1851, pp. 134—136.

《西绪福斯篇》

（或"关于谏议"，探问类的）

在库珀主编的英译本《柏拉图全集》中，该篇对话的导读也是由哈钦森写的。虽然对话没有副标题，但是通过对全篇对话的阅读，我们可以判定它所讨论的是关于谏议的问题。对话中的西绪福斯在开始时似乎知道什么是谏议，对谏议也很热衷，于是苏格拉底与他进行了一番探问式的辩论。因而，笔者把该篇对话的副标题定为"或'关于谏议'，探问类的"。

哈钦森在导读中首先对整篇对话的内容做了一番整体描述，他写道，在思考要采取什么行动路线上是否有些人比另一些人更优秀？西绪福斯当然认为如此，他比预先的时间延长一天留在乏耳萨罗什，目的是要会见统治的当权者，并在谏议中帮助他们。但是苏格拉底对于谏议到底是什么感到迷惑不解，他惊奇于谏议怎么会与单纯的猜测有别。在对话的结尾变得很清楚的是，西绪福斯并不知道关于谏议的最初的事情，苏格拉底提出以后要对它重新再做一番探索。我们由此可见，西绪福斯与柏拉图对话中的大多数其他对话者一样，对自己积极要做的事情缺乏反思，经过与苏格拉底的辩论后才"自知无知"。

哈钦森为我们辨析了谏议与探究的不同，他说，西绪福斯认为谏议就是试图发现最好的行动路线，但是苏格拉底主张这不可能是正确的，如果你能够对某事谏议，你必定已经知道了对象；如果你知道它，你将不会试图去寻找它。与预先认为无知的探究不同，有意图的谏议是预先认为已有知识。由于谏议的对象是将来的，尚未确定地存在着，所以谏议冒有黑暗中射击的风险，除非它瞄准了某个确定的东西。它应瞄准什么靶子？什么样的知识是预先决定了的呢？对话并没有告诉我们，但是肯定的，它的作者力图鼓励他的读者们指向柏拉图的哲学和它的中心靶子"善本身"。在与该篇对话写作时间大致相同的时期，亚里士多德也在他的《规劝》或《劝告学哲学》（一篇仅以残篇存在的著作）中主张政治决断需要有一个思辨哲学的基础（B46—51）。

接着哈钦森提到亚里士多德对谏议的考察和与这个话题相关的柏拉图的其他对话的情况，他指出，亚里士多德在他的伦理学讲稿中考察了谏议的概念，其中有一些段落表明这个话题已经在柏拉图的学园中讨论过，显然地与《西绪福斯篇》中的用词基本相同。在柏拉图本人的著作中，最相关的是《枚侬篇》和《尤叙德莫斯篇》（Euthydemus，又译为《欧绪德谟篇》《欧蒂德谟篇》），《枚侬篇》中提出了"一个人既无法试图发现他所知道的东西，也无法发现他所不知道的东西"（80d—e）的悖论，《尤叙德莫斯篇》在证明纯逻辑切分和实在哲学之间的差别的过程中提到了两个相关的悖论。

关于该篇对话，哈钦森说，对话的作者可能是柏拉图的一个追随者，[①] 在公元前 4 世纪中期写作的。在《西绪福斯篇》中我们看到了某些显著的可以牢靠地把它置于公元前 4 世纪而不是苏格拉底实际活着的公元前 5 世纪。塞石萨利亚的乏耳萨罗什人西绪福斯是柏拉图的而不是苏格拉底的同时代人，在当地事务中扮演着重要的角色。作者在对话开头冒然提到的雅典人斯特剌托尼科斯是公元前 4 世纪初叶时的一个享有盛名的音乐表演家和教师，苏格拉底几乎不可能知道他。当苏格拉底问"卡尔利司特剌托斯在哪里"（388c）时，他看起来是在指亚菲得纳的卡尔利司特剌托斯，一个著名的雅典政治家，由于死刑判决，他在公元前 362 年之后的好几年一直处于奔逃之中。哈钦森由此断定，作者必定是打算用他的对话引起公元前 4 世纪中叶的同时代读者们的共鸣。柏拉图的《枚侬篇》通过某些生物学的细节表明它是针对敌对的由雅典人索克拉底提出的教育哲学，《西绪福斯篇》基本也同样如此。伊索克拉底试图使他的学生们善于谏议，并不接受他认为是无用的弯路的柏拉图哲学，他主张"关于有用事物的大概意见远比关于无用事物的精确知识更好"（《海伦》5），伊索克拉底还声称，"我认为一个人的各种意见如果能使他发现做大多数事情时的最佳途径，他

---

① ［泰本］这位作者也许和《德莫哆科斯篇》的作者是同一个人；他对于稚气的争辩术有同样的癖好，对关于"深思熟虑"的所谓难题有同样的兴趣，以及在文风上同样单调乏味，尽管《西绪福斯篇》不很像《德莫哆科斯篇》那样有力量。他读过《曼诺篇》，他有一个真正的论点，虽然他不懂得怎样运用它。他正在玩弄"未来"作为到目前为止是根本不存在的东西这一概念，因此不是供理性思考的主题。他也许正在考虑犬儒学派关于因为未来不实在，故而"对我们是不存在的东西"的主张，并且在试图"揭露"它吗？

就是智慧的"(《解毒药》271)，这是《西绪福斯篇》引入讨论
的一个关于智慧谏议的观点。

一　原文翻译及注解

（一）引子：公务缠身的西绪福斯

苏：我们昨天还等了你很长一段时间，西绪福斯，在斯特剌
托尼科斯表演之前，这样你就能加入我们一起聆听一位真正的大
师作一场充满精彩内容的表演了，既在理论方面又在实践方面。
但是在我们放弃认为你要来的想法后，我们就自己去听这个人
［的表演］了。

西：是的，这绝对是正确的。出了些状况，你知道，它相当
紧急，所以我不能忽视它。我们的当权者们昨天开会，所以他们
要求我去参加他们的议事会。如果当权者们传召我们中的任何一
个人去参加他们的议事会，我们乏耳萨罗什的公民们依据法律是
必定要遵从的。

（二）探索谏议

1. 谏议是什么

苏：嗯，遵守法律是一件光荣的事，被他的同胞们认为是一
个好的谏议者也是一件光荣的事，就像你本人被认为是乏耳萨罗
什的好的谏议者之一那样。不过，现在我并不想在关于［什么

是〕好的谏议上与你持异议，西绪福斯，我想这需要大量的空闲和很长的讨论。不过我想和你就谏议本身，首先是关于它是什么，进行一番讨论。

谏议本身是什么？你能告诉我这个吗？不是怎样谏议得好或差，或怎样出色地谏议，而是就谏议本身是什么种类的东西。你肯定能很容易地告诉我，因为你本人是一个如此好的谏议者。但愿我就这个主题向你提问不是太好奇爱问。

西：难道你真的不知道谏议是什么？

2. 谏议与猜测

苏：真的不知道，西绪福斯，至少如果它完全不同于一个缺乏对某个需要行动的问题的了解时所做的事情时我是不知道的，他通过预测或虚构而猜测他的答案：他说的是任何进入他脑子的东西，就像玩猜单双游戏的人们，他们当然不知道他们手里抓住的是单数个还是偶数个东西。某个不了解他所谏议之事的人在他所说的话上恰好是幸运的，说中了真相。如果谏议是某种像这样的东西，那么我大体上的确知道谏议是什么。但是，如果它不是像这样的东西，那我根本不知道它是什么。

3. 谏议与谏议的内容

西：不过肯定的，它不像是完全彻底地对某问题无知，而是对问题的一部分熟悉，而对剩余的部分不知道。

苏：或许你的意思是，谏议是——上天帮帮我吧！我觉得好像几乎是在猜测你对好谏议的看法——你的意思是否是，它是某种像这样的东西？某人试图找到将要采取的最佳行动路线会是什么，却并不清晰地知道它，毋宁说似乎是在思考的过程中？这或多或少是你的意思吧？

西：是的，正是。

苏：人们试图要找到的是他们知道的事情，还是他们并不知道的事情？

西：两者都是。

苏：当你说人们试图要找到两者——各种他们的确知道的事情以及他们并不知道的事情——时，也许你意指的是某种这样的东西：比如一个人也许熟悉卡尔利司特剌托斯，知道他是谁，然而并不知道在哪里可以找到他。这是你说试图找到两者的意思吗？

西：是的，正是。

苏：现在你将无法试图找到前者，即知道卡尔利司特剌托斯，至少如果你知道他的话？

西：当然无法找到。

苏：但你可以试图找到他在哪里。

西：是的，我想你可以。

苏：也不会试图去发现那个你要寻找的人，如果你知道这个情况的话，你就将立刻去寻找他了，不是吗？

西：是的。

苏：那么显然，人们试图要找到的不是他们知道的东西，而是他们并不知道的东西，不过这个论证也许会给你钻牛角尖的印象，西绪福斯，不是以事情的真相为目标来提出，而仅仅是作为争论。如果是这样的话，那么请以这种方式考虑，看一下你是否会同意刚刚所说的内容。你知不知道几何学中所发生的事：对角线对几何学家而言是不可知的，然而却不存在它是否是对角线的问题——这根本不是他们试图要发现的东西——而是它与它所对切为两块三角形的两边相关联的长度是多少，这难道不是他们试图要找到的关于对角线的东西吗？

西：我想是的。

苏：这是某种不知道的东西，不是吗？

西：绝对是的。

苏：或者又如，以立方体的两倍为例。你知不知道几何学家们通过推理试图要发现它是多大？至于立方体本身，他们并不试图要发现它是不是一个立方体，他们太熟悉这个了，不是吗？

西：是的。

苏：又比如，考虑一下空气，你肯定知道阿那克萨戈拉、恩培多克勒以及所有其他天文学家们正在试图发现的是它是无限的还是有限的。

西：是的。

苏：但是他们不会问它是否是空气，是吗？

西：当然不会。

苏：那么在所有这些例子中，我们的结论是：没有人曾经会试图要去发现他们所知道的任何东西，而只会是［去发现］他并不知道的东西，对此你会同意我吗？

西：我同意。

苏：现在，这难道不是谏议在我们看起来所是的东西吗？即某人试图发现他们所要遵从的、对待各种需要他们采取行动之事的最佳途径。

西：是的。

苏：我们认为谏议是试图发现某种关于各种实践问题的东

西，不是吗？

西：是的，当然。

苏：所以现在是我们考虑什么阻止着人们发现他们试图要发现的东西的时候了。

4. 谏议与知识

西：我想是的。

苏：我们应该说是什么阻止人们的呢，如果不是不理解的话？

西：让我们考察一下它吧，看在上天的份上。

苏：绝对的！我们必须让每一个礁石让开，就像人们所说的，并且全力提高呐喊。所以现在让我们一起考察一下下面这个问题：你是否认为一个人如果没有音乐知识，他有可能对音乐进行谏议，他既不知道如何弹奏齐撒腊弦琴，也不知道如何表演任何其他种类的音乐？

西：不，我不这么认为。

苏：对于军事或航海的专业知识怎样呢？某个对这两种主题都无知识的人能够对他在这两个领域中的任何一个应当做什么进行谏议吗？如果缺乏所有关于军事或航海问题的知识，他能够对怎样指挥一支军队或指挥一艘航船进行谏议吗？

西：不能。

苏：你希望相同的观点在所有其他领域都成立吗？某个不理解某事物的人既不可能知道他所不知道的东西，也不可能对他所不知道的东西进行谏议。

5. 谏议与探究

西：我同意。

苏：但是一个人试图去发现他所不知道的东西是可能的，对吗？

西：当然。

苏：那么试图去发现不再能与进行谏议等同了。

西：为什么不能？

苏：因为一个人试图去发现的东西显然是他并不知道的东西，然而显然没有人能够对他并不知道的东西进行谏议，这不是我们刚刚说过的吗？

西：当然是的。

苏：这难道不是你们乏耳萨罗什人昨天所做的事吗，试图发现你们城邦要做的各种最好的事情，然而却不知道它们？因为如果你们知道它们，你们肯定不会还试图要发现它们——正如我们不会试图去发现任何其他我们已经知道的事情那样，是吗？

西：是的，我们不会。

苏：如果一个人不知道某事，西绪福斯，你认为他会怎么做：是试图发现它还是学习它？

6. 谏议与学习

西：学习它，向宙斯发誓，这是我所认为的。

苏：你是对的，但是请告诉我，是否是由于下面的理由你认为一个人应当学习它而不是试图去发现它？即一个人通过向那些知道它的人学习而能够比当自己并不知道它时而试图自己去发现它更快且更容易地找到它，或者是还有其他某种理由？

西：没有，就是这个理由。

苏：好的，那么为什么你们这些人昨天要费力地对你们并不理解的各种问题进行谏议，试图发现城邦所要采取的最佳行动路线呢？你们为什么不向某个知道那些问题的人学习它们？这样你们就能够为城邦选取最佳的行动路线了。相反地，在我看来你们昨天花费一整天时间坐在那里，对你们并不理解的各种问题虚构各种事情和进行预测，而不是花工夫去学习它们——我说的是那些管理你们城邦的人，包括你。

或许你会说，我一直在讥笑你们耗费时间仅仅是为了有一个谈论，但是你认为并没有什么东西被认真地证明了。然而你必须认真地对待接下来的这一点，西绪福斯。假定有如谏议这样的一种东西，假如它并不像刚才所发现的，被表明为等同于完全的不理解、猜测，或虚构各种事情，没有什么区别，只是用了一个更大的名称。那样的话，你不认为在谏议得好或成为好的议事者方面有些人与其他人会有区别吗？就像在所有其他专业知识领域有些人有别于其他人那样。例如，有些木匠不同于其他木匠，或者有些医生不同于其他医生，或者有些吹笛手不同于其他吹笛手，或者一般地如手艺人相互之间有所不同。正如那些专家们在他们各自的技艺方面相互有别一样，你不认为相同的情形也可以运用于谏议吗，即在有些人与其他人之间有区别？

7. 谏议与将来之事

西：是的，我认为可以。

苏：现在请告诉我，所有那些不管谏议得好还是谏议得差的谏议者们不都是对各种将来将要存在的事情进行谏议吗？

西：当然是的。

苏：将来的事情尚不存在，对吗？

西：当然。

苏：因为假定那样的话，它就不再是将要在将来存在了，而将会是已经存在了，不是吗？

西：是的。

苏：如果它尚不存在，那它也还尚未产生。

西：是的，还尚未产生。

苏：但是，如果它还尚未生成，那它就还尚不拥有它自己的本质，是吗？

西：根本没有。

苏：那么，那些谏议得好的人和那些谏议得差的人，无论他们什么时候对将来之事进行谏议，全都是在对既不存在，又未生成，又不具有任何本质的各种问题进行谏议，不对吗？

西：看来确实是这样的。

苏：现在你是否认为，有人能够很好地或很差地发现不存在的东西吗？

西：你说这话是什么意思？

苏：我会告诉你我正在提示的东西，设想一下有一些弓箭手，你要怎样区别他们中谁是好射手，谁是差射手呢？这不难说，是吧？你大概会要求他们去瞄准某个目标。

西：当然。

苏：那个最经常成功地射中目标的弓箭手，你会判定为胜者吗？

西：我会。

苏：但是，如果没有为他们设立目标去瞄准，每个人都只是随他们高兴地射击，你怎么能在好射手与差射手之间做出区分呢？

西：我不能。

苏：如果他们并不理解他们正在谏议的东西是什么，你难道不会茫然不知如何把好谏议者从差谏议者中区别出来吗？

西：我会茫然无知的。

苏：如果那些议事的人是在对将来的各种问题进行谏议，那么他们就是在对各种并不存在的问题进行谏议，不是吗？

西：绝对是的。

苏：对任何人而言，击中并不存在的东西是不可能的，不是吗？你怎么能想象有人在什么时候能够击中并不存在的东西呢？

西：这是不能做到的。

苏：因为击中并不存在的东西是不可能的，所以对并不存在的东西进行谏议的人其实没有能击中它的，因为将来是某种并不存在的东西，不是吗？

（三）结尾：谏议是不可能的——反思的必要性

西：我想是这样的。

苏：那么，既然没有人能击中将来的事情，那么也就没有人能在谏议方面真正的是好的或差的。

西：显然没有。

苏：一个人也不可能比另一个人是一个更好的谏议者或更差的谏议者，如果一个人其实并不能在击中并不存在的东西上更成功或更不成功的话。

西：的确不可能。

苏：所以当人们称某些人是好的或差的谏议者时，他们头脑中会有什么样的标准呢？难道你不认为，西绪福斯，某个时候重新对此作一番探索是值得的吗？

二 《西绪福斯篇》疏评

（一）哲人的理论与实践

在对话的开头，苏格拉底说，他们聆听了一个真正的大师所做的一场充满精彩内容的表演，不管在理论方面还是在实践方面都是如此。这里表明了苏格拉底对于他所从事的活动的两个要求：理论上和实践上都要有精彩的内容。我们往往倾向于认为，哲学家都是在进行无用的理论思考的一类人，第欧根尼·拉尔修的《名哲言行录》为我们记载了一个哲学史上的经典案例：据说有一次，一个老妇人把哲学家泰勒斯赶出房外，让他去看星星，结果他掉进了沟里，便大声呼救，却招来了这位老妇人的斥骂："泰勒斯啊，你连脚前的东西都不能看清楚，还想知道天上的事情吗？"[1] 但是，通过对整篇对话的读解，我们看到的是：忙于公共事务的西绪福斯并不知道关于谏议的最初的事情，以至于苏格拉底劝他以后要对他的谏议行为重新再做一番探索。积极实践的我们是否也和

---

[1] 第欧根尼·拉尔修：《名哲言行录》，徐开来等译，广西师范大学出版社2010年版，第31页。

西绪福斯一样都是在瞎忙呢？哲人的理论探索不也是一种踏踏实实的实践活动吗？因为，他们经过理论探索后，更不会瞎忙，而是进行更为有效的实践。也就是说，哲人的理论生活是与实践生活紧密相连的。

（二）柏拉图的"无用哲学"与伊索克拉底的"实用谏议"的对立

根据哈钦森的推断，本篇对话的作者必定是打算用他的对话引起公元前 4 世纪中叶的同时代读者们的共鸣。哈钦森提到了柏拉图哲学与伊索克拉底教育哲学的对立，他说柏拉图的《枚依篇》通过某些生物学的细节表明它是针对敌对的由雅典人伊索克拉底提出的教育哲学，《西绪福斯篇》基本也同样如此。伊索克拉底试图使他的学生们善于谏议，并不接受他认为是无用的弯路的柏拉图哲学，他主张"关于有用事物的大概意见远比关于无用事物的精确知识更好"，伊索克拉底还声称，"我认为一个人的各种意见如果能使他发现做大多数事情时的最佳途径，他就是智慧的"。

该篇对话可以说是柏拉图哲学派的代表观点，反对伊索克拉底的"实用谏议"。对话从苏格拉底向西绪福斯探问谏议是什么开始，接着通过谏议与猜测对比，转到指出谏议需要有知识，再到区分谏议与探究的不同，然后转到点出谏议是针对将来存在的事物的，最后到了结论证明谏议是不可能的。从而，驳斥了"谏议实用"的观点。那么反过来看，柏拉图哲学是否正如伊索克拉底所说的"是无用的弯路"和"关于无用事物的精确知识"呢？虽然，本篇对话并未就此展开论述，但是我们可以从西绪福斯意识到自己其实并不对所谏议的事情拥有真知与合理推断的能力，他以后会更加无知，而不是积极地进行谏议得知，这就是一种最大的有用，因为克服了原来的瞎忙实践。

| 《亚尔库温篇》 |

（或“关于变形”，伦理类的）

　　大多数的柏拉图作品汇编都没有收录该篇对话，笔者的现有资料中仅库珀编的英译《柏拉图全集》收入了该篇对话，并且根据哈钦森的导读我们知道，虽然许多手稿都把《亚尔库温篇》归于柏拉图，一份古代的书单记录说，它是不正确地被列于那些归属于柏拉图的作品中的。但是，它实际上已从柏拉图文集中消失了。这是因为它后来被归属于公元 2 世纪的演说家和对话作家琉善（公元 120—180 年），很可能是由那些注意到琉善的那些方法和论题与这篇对话之间的各种相似性的拜占庭学者们这样编辑的。当近代 16 世纪亨利·艾提昂涅［Henri Etienne，即Stephanus（斯忝法诺斯）］版本的柏拉图著作全集建立时，《亚尔库温篇》并未被刊印，并且它通常未被其他的各种现代柏拉图全集汇编加以刊印。现今，它通常仅仅被刊印在琉善文集的各种汇编中。笔者从琉善文集中找到了该篇对话的希腊原文，根据库珀本的英译文把它译成中文，并对之加以疏解。根据对通篇对话的阅读，笔者认为对话是围绕人转变成鸟的变形问题展开的，而且是关于伦理道德方面的，所以笔者把该篇对话的副标题定为

"或'关于变形'，伦理类的"。

　　对话的标题是音译而成的，它的希腊文单词是"翠鸟""神翠鸟"，具有能平息海浪的神力[1]，相传冬至前后有 7 日，翠鸟营巢产卵，在此期间，大海平静无浪，被称作"翠鸟产卵期""平安时期"[2]。根据古希腊神话传说记载：亚尔库温原是风神埃奥罗斯之女，嫁给特腊契什国王喀俞克斯——贺欧司福洛斯的儿子，婚后夫妻感情恩爱异常，生活美满幸福，但美满的生活同时也使他们忘乎所以。他们把自己比喻成神，甚至自称为宙斯与赫拉，众神对他们这种傲慢不逊的态度极为气恼。后来喀俞克斯的弟弟突然死去，同时他自己身上又有了一些可怕的怪异现象发生，这使喀俞克斯感到神对他似乎不太满意。于是他决定去德尔斐阿波罗神示所求神谕。当亚尔库温得知此事后，她竭力阻止他出行，因为作为风神的女儿，她熟知海上风暴的狂野及危险。但喀俞克斯决心已定，最后亚尔库温乞求与他同行，但他无论如何都不忍心让自己的爱妻冒航海的风险，因此极力劝说，最后许诺在月圆两次之前回来。丈夫出行之后，亚尔库温只有数着日子等待丈夫归来。她准备好他要换的衣服，也准备好在丈夫回来时自己将要穿的衣服。她对所有的神都频繁上香献祭，对赫拉则比别的神还要上得勤。她不断地为丈夫祈祷，然而喀俞克斯已不在人世。出海不久，他们就遇到风暴，船被打翻，喀俞克斯惯于执持王杖的手当时只好抓

---

　　① 陆谷孙：《英汉大词典》（第 2 版），上海译文出版社 2007 年版，第 844 页。
　　② 罗念生、水建馥编：《古希腊语汉语词典》，商务印书馆 2005 年版，第 40 页。

住一块木板，拼命向他的父亲（启明星）和岳父（风神）呼救，但无济于事。他呼喊最多的是亚尔库温的名字，他一心挂念着她。他向神祈求，叫波涛把他的尸体带到她面前，使她能亲手把他埋葬。赫拉看到亚尔库温根本不知道丈夫的死还日日虔诚祈祷，觉得很难过。于是她打发彩虹女神伊里丝到睡神那里去，叫睡神给她托梦，述说了喀俞克斯的遭遇。第二天，亚尔库温来到海滨寻觅和丈夫分手时他们离别的地点，在那里她找到了丈夫的尸体，悲痛异常，在绝望她化成了翠鸟。众神怜悯她，把喀俞克斯也变成了鸟。虽然他们的遭遇如此不幸，但他们还是恩爱如初，即使变成鸟类，夫妻之情并未减少，照旧交配生子。在冬至前后有 7 天海上波澜不兴，水平如镜，这是亚尔库温孵卵育雏的时候，她的鸟巢就漂浮在水面上。那几天对航海的人们也是平安的日子，风神埃奥罗斯把风都管束起来，不让惊涛骇浪出现。在这时候，他为了自己孙儿们的安全而宁肯失去大海的好感。[①]

在导读中，哈钦森首先为我们概述了对话的内容：苏格拉底对他忠实的朋友凯瑞丰讲述了关于亚尔库温的传说，她被某种天国的力量转变成了一只海鸟（翠鸟），以便更好地找寻已经溺死于海中的她所深爱的丈夫。凯瑞丰怀疑该传说的真实性，但是苏格拉底认为他的怀疑是无根据的。我们对于神圣力量的限度是无知的，这种力量不可想象地比人类的力量强大，并且已经展现了它自己是能够导致各种奇异的大事的。虽然我们可以看到，在苏

---

① 晏立农、马淑琴：《古希腊罗马神话鉴赏辞典》，吉林人民出版社 2006 年版，第 15—16 页。

格拉底的讲述和神话传说等的讲述之间有不一致的地方，比如神话传说中亚尔库温是因绝望而化成翠鸟，苏格拉底则说是在希望的找寻中被神力转变成了翠鸟。但是，蕴含于其中的"深爱"却是一致的。

接着哈钦森说到的是关于该篇对话的主题，他说这篇深情切切的小对话的主题和背景看起来是从柏拉图的《斐德罗篇》中的一个段落引申而来的，在那里苏格拉底也解释了一个关于人转变成动物的传说（258e—259d）。宇宙、天、自然和神力之间的关联是后期柏拉图主义的典型特征，它怀疑式地强调人类知识的限度和人类与其他动物之间的姻亲关系。哈钦森说，这篇对话是被人工精心创作而成的，词汇和结构方面皆是如此，是一个被后世批评家称作"亚洲风格的"艺术性很好的例子，它很可能创作于公元前 150—公元 50 年。笔者认为，哈钦森所做的这种地方风格的区别是不妥当的。因为，我们在前面所述的古希腊神话传说记载中，已经很清楚地看到了那种看似带有亚洲风格的夫妻恩爱、死后化为异类仍旧相爱的"梁山伯与祝英台"式的特征，该篇对话的作者如果有什么艺术成分的话，也是对前面的原有材料上的引申发挥，绝不会是对后来的东方素材的加工创造，古希腊神话传说风格与亚洲风格之间的某些共同之处只能说明人类本性深处原本就存在着某种共同性、共通性，或者可以借用一种说法，"一切历史都是人类史"①。笔者以为，该篇对话在词汇、结构等方面的"东方特征"所体现出来的是古希腊神话传说与东方

---

① 包利民：《生命与逻各斯——希腊伦理思想史论》，东方出版社 1996 年版，第 2 页。

故事的内在共同性，而不是对话作者用东方风格去改写古希腊素材，我们借助该篇对话去更深入地思考这种人类本质上的共通性远比粗浅地把它解释为是艺术作品更为重要。

　　哈钦森的导读最后提到了对话中的一个小细节，他说，《亚尔库温篇》的结尾包含了一个对苏格拉底两个妻子克珊昔普沛和慕耳妥的故事的诡秘暗示，他希望这两个妻子将像亚尔库温对她丈夫那样忠爱他，苏格拉底的这个重婚故事至少可以追溯到公元前 4 世纪。

一　原文翻译及注解

（一）引子：美妙而神奇的声音

　　凯：苏格拉底，这个从海角下方沿海滩一直传到我们这的是什么声音？它在我的耳朵［听来］是如此的甜蜜！发出这种声音的会是什么生物呢？肯定的，生长在海洋中的各种生物是寂静无声的。

　　苏：它是一种海鸟，凯瑞丰，名叫亚尔库温，多半是称呼哀伤者和哭泣者的。关于这种鸟有一个古老的传说，被老人们作为神话流传下来。他们说，它曾经是一位妇女，贺尔棱之子埃奥罗斯的女儿，她充满深爱地对她结发丈夫——特腊契什人喀俞克斯，贺欧司福洛斯的儿子，一位英俊父亲的英俊儿子——的死表示痛怜和哀悼。后来，经过神圣意愿的某种作用，她长出了像鸟一样的翅膀，现在在海面上四处飞翔找寻他，因为她走遍所有陆地表面都无法找到他。

凯：你指的是不是亚尔库温？我以前从来没有听到过这种声音，它的确像某种异国情调的东西感动了我。不管怎样，这种动物确实制造了一种令人悲伤的声音。它大概有多大，苏格拉底？

苏：不是很大，不过因为她对丈夫的爱而被众神给予的荣誉却是巨大的。因为就在亚尔库温们筑巢的时候，宇宙就为我们带来了仲冬时的所谓"亚尔库温日子"，以它们的好天气而著称的日子。今天是一个尤其好的例子。你没看见上方的天空是多么明亮，整个海洋是多么安谧平静吗？可以说就像一面镜子。

（二）探讨变形

1. 质疑自然

凯：你说得对，今天确实看起来是一个平和的日子，昨天更是这样。但是向众神起誓，苏格拉底，我们怎么能真正相信那些古老的故事呢，即从鸟儿变成女人或女人变成鸟儿？所有这种事情看起来完全是不可能的。

2. 质疑自我

苏：哦，我亲爱的凯瑞丰，我们看起来对于什么是可能的或不可能的完全是目光短浅的判官，我们是根据我们最好的人类能力做出我们的评判，而这种能力是无知的、不可靠的和盲目的。许多可行的事情在我们看来是不可行的，许多可以达到的事情看起来是不可达到的，常常是因为我们缺乏经验，并且常常是因为我们心思的幼稚愚钝。因为事实上，所有人类，甚至非常老的人，确实看起来就像孩童一样愚蠢。因为我们生命的寿限实际上是很短的，当与整个永恒相比时不会比儿童时期长。我的好朋友，对众神和众精灵的力量或自然作为一个整体的力量毫无所知的人，怎么可能会知道某种像这样的事情是可能的还是不可能的呢？

你是否注意到，凯瑞丰，我们前天所遇到的是一场多么巨大的风暴啊？某些估想那些闪电、巨雷和狂风的巨大力量的人也许也同样地被恐惧击倒了，有人可能会认为整个居住的世界实际上将要崩溃了。但是稍后却出现了一个惊人的好天气，恐惧就此而消失了。那么，你是否认为魔法般地使这种好天气从如此势不可当的风暴和混乱中出现，并把整个宇宙带入一个平静状态，是比重新塑造一个女人的形体、把她转变成一只鸟儿的形体更巨大、更费劲的任务呢？即使是我们那些知道如何用泥巴或蜡塑造出这些东西的幼小孩子们都能很容易把它们做成各种各样的形体，所有形体都出自同一种物质。由于神灵拥有强大的力量，无可比拟地比我们的力量强大，也许所有这类东西对它而言其实是很容易的。毕竟，你会说这整个上天比你自己大多么多啊。

3. 三断式推理

凯：苏格拉底，在人类当中有谁能够想到或找到用来形容任何这种事情的辞藻呢？甚至述说它都是超出人类才能的。

苏：当我们相互比较人们时，我们难道没有看到，在他们的各种能力和无能方面存在着多么巨大的差别吗？当成年人与仅仅是五天或十天大的婴儿相比时，在他们几乎所有实际生活事情方面的能力上具有一个惊人的优势，那些通过我们的复杂技艺完成的事情和那些通过身体和灵魂施行的事情都是如此。这些事情，如我所说的，甚至不能被小孩子们的头脑想到。一个完全长成的成年人的体力与他们相比是多么不可计量地超出啊，因为一个成年人能够很轻易地打败成千上万这样的孩子。在最初的生命阶段，人们完全无助于和不能胜任任何事情肯定是很自然的。正如所表明的，一个人远远超过另一个人，我们要如何设想整个上天的各种力量与我们的力量相比对那些能够理解这类事情的人而言看起来会怎样呢？或许真正地，许多人会认为它看起来是真实可信的，正如宇宙的大小超过了苏格拉底或凯瑞丰的形体，所以它的力量、智慧和理智将在同样的程度上超过我们的状况。

对于你、我以及许多其他像我们这样的人而言，许多对其他人很容易的事我们都不可能做到。因为只要他们缺乏知识，不能吹笛子的人或文盲不可能会吹笛子或读书写字，更不可能理解从鸟中造出女人或从女人中造出鸟儿。大自然实际上是把一种无脚无翅的动物抛入到蜂巢里，然后给它脚和翅膀，用各种形形色色的和美丽的颜色装饰它，这样就产生出一只蜜蜂——神奇的蜂蜜的智慧制造者。她通过运用那些神圣的使用巨大的以太的技艺从无声的、没有生命的蛋卵中塑造出许多种有翅的、能行走的和水栖的动物。我们是会死的和相当微小的，不可能清楚地看到各种巨大的或微小的东西，以及黑暗中几乎大部分我们碰到的东西。所以，我们不可能对不朽者们的强大力量做出任何可靠的断言，对于亚尔库温或者夜莺都是这样。①

---

① ［C本］传说告诉我们普洛克涅（Procne，雅典公主 Philomela 的姐姐，施腊喀国王 Tereus 的妻子，被神变成一只飞燕）和绯萝梅拉（Philomela，被变成夜莺的雅典公主，以不绝的歌声申诉自己的不幸遭遇）也被变成了鸟。

（三）结尾：神圣的呼召

音乐般地哀唱的鸟啊，我要把这个关于你的歌唱的闻名遐迩的神话传给我的孩子们，正如我从祖先们那里听来一样，我要经常向我的妻子们——克珊昔普沛和慕耳妥——歌唱你对丈夫的虔诚和充满深爱的奉献，尤其要强调你从众神那里得到的荣耀。你也会做一些像这样的事吗，凯瑞丰？

凯：这肯定会是恰当的，苏格拉底，你所说的话对于丈夫和妻子之间的关系而言是一种双重劝导。

苏：好的，现在是向亚尔库温说再见，继续从乏勒戎海角往城里去的时候了。

凯：当然，让我们这样做吧。

二　《亚尔库温篇》疏评

（一）哲学源于惊奇

在对话的开篇，作者为我们描绘了自然界一种鸟儿美妙而神奇的声音，它是如此的甜蜜、哀婉、悲怆，像某种异国情调的东西感动了听者。凯瑞丰被感动了，他不是不知道亚尔库温鸟，但是这次与苏格拉底一起才听到了它的美妙声音。我们可以想见，多少常在海边作业的渔民，对于这种司空见惯的鸟鸣声不会产生什么感动。对于那些奔波忙碌于城市生活的人们来说，更是不可能听到如此美妙的好声音了。

在《塞埃忒托斯篇》中苏格拉底表扬塞埃忒托斯说，"这完全是爱智者的体验——惊奇，除了这以外就没有别的哲学起源了"①，也就是说"哲学源于惊奇"。我们大多数人活了一辈子都不曾有过惊奇的体验，很少被神奇美妙的东西感动过，我们如果听从苏格拉底的说法，远离生活中的繁忙，多留心身边的令人感动的事物，一旦我们被某种神奇而美妙的东西感动了，说不定我们也会有惊奇的体验，从而开始迈进哲学的殿堂，摆脱婴儿似的愚昧无知，不再过那种劳碌奔波却缺乏美妙之处的生活。

（二）苏格拉底的自然神观念

在对话中，同样是对待自然，苏格拉底与凯瑞丰所拥有的却是不一样的观念：凯瑞丰把自然看作一个无主观能动性的客观物质世界，他以人自身的立场去看待自然界的各种事情，由于受到自身认识的各种限制，他体会不到自然界的神奇力量；而苏格拉底则是通过理性的三段式推理，理性地认识到了宇宙整体的伟大力量，他把自然看作一种整体的、永恒的神圣力量，是众神和各种神奇事迹的根源。

（三）哲学是追求死亡的学问

在《淮冬篇》中苏格拉底向辛米雅斯和刻贝斯说，"那些恰

---

① 《塞埃忒托斯篇》155.d。

好是真正从事哲学的人可能还没有被其他人注意到的是，唯独他们除了一心追求死亡和处于死亡状态边缘，不意图任何别的东西"。这也是我们经常引用的"哲学就是追求死亡和处于死亡状态"这一命题的直接出处。① 在《亚尔库温篇》中，苏格拉底通过三段式的推理为我们大体描述了哲人为何会一心追求死亡，因为我们人类的灵魂受到身体的各种有限性的制约，无法摆脱人类的有限认识而达到对宇宙整体的神奇力量的认识，因而为了摆脱愚昧无知的婴儿状态，使自己走向成熟，就必须使灵魂彻底地从身体中摆脱出来，打破自我的束缚进入死亡状态。

（四）哲人的使命

人类在婴儿时期对各种事情都好奇，对成年人的成熟充满憧憬与向往，可以说每个儿童都是天生的哲学家。但是，一旦他们摆脱了幼儿时期的愚昧无知，成长为成年人，他们对于成年人的理智和

---

① "哲学是追求死亡"这句话并不原原本本地见于柏拉图的对话中，而是后人根据记录苏格拉底最后一次谈话的《淮冬篇》中的相关论述概括出来的一个命题。《淮冬篇》中与这一命题紧密相关的论述有三处：其一，61b—61c，苏格拉底让刻贝斯捎去对著名智师尤耶诺斯的临终劝言，劝尤耶诺斯尽快来追随他去死，因为，苏格拉底认为"尤耶诺斯是一个哲学家"，而"每一个配得上称作从事这一事业的人都会乐意［去死］的"。其二，64a，苏格拉底在准备向辛米雅斯和刻贝斯作解释，为什么他在即将被处死时却显得勇敢坚强，并且满怀着美好希望时，明确地说道："那些恰好是真正从事哲学的人可能还没有被其他人注意到的是，唯独他们除了一心追求死亡和处于死亡状态之外，不意图任何别的东西。"苏格拉底的这一论述是"哲学是追求死亡"这一命题的直接出处，因而更为周全的表述为：哲学就是一心追求死亡和处于死亡状态。其三，67d，苏格拉底对辛米雅斯解释说，死亡就是"灵魂从身体那得到释放和解脱"，然后说道："唯独那些真正从事哲学的人才一直最热衷于释放灵魂，而且使灵魂从身体中解放和摆脱出来是哲学家们的唯一实践活动"。

成熟却变得毫无惊奇可言了，他们认为自己的所作所为都是自然而然的。但是，成长为成年人的他们却会担心和关爱自己的孩子们，因为他们在体力、能力和智力上都相当幼稚弱小，很容易受到各种损伤和病痛的困扰，到了青少年时期甚至更增添了各种在成年人看来根本不成问题的一大堆烦恼。而对孩子们的最好关爱就是向他们传授各种知识和智慧，使他们在能力和智力上达到与自己相同的状态，这样就可以避免各种伤害，自主地解决处理各种事情。

同样地，哲人由于在理智上已经超越了普通的成年人，他们比我们常人更加接近那神奇的宇宙理智，过着一种更加自主的生活，在他们的眼中，我们大多数成年人只是比婴儿大一点点的大婴儿而已，哲人们的生活对我们而言是那么的洒脱自然，是我们无法理解却又禁不住向往憧憬的生活，试想一下有多少人感动于苏格拉底的从容赴死。而哲人们也像父亲对儿子们一样对我们无比的担心和充满关爱，对他们而言已没有什么可惊奇的东西了，他们只有对我们这些婴儿们的关爱，由于爱的推动他们下降到我们的程度，引导我们走向成熟，摆脱伤害，摆脱困苦，走向自主自由的世界，这就是哲人的使命。对于理智较弱的孩子们和妇女们，哲人会运用传讲神话传说的方式，对于理智优秀的青年，哲人会用他的辩证法进行最有效的论证，总之，哲人会千方百计地引导我们这些孩子们走向知识和智慧的世界，他们就是人类救苦救难的灵魂拯救者。苏格拉底为何要保留传统神话，暗中进行改编，而不直接用自然哲学去质疑神话，这与如何施教有关。

柏拉图在其他对话中也凸显了人在宇宙中的渺小，比如在《法义》卷十中我们可以读到：

雅：让我们用这些道理来说服这位年轻人，"万物的　［b5］

照管者安排万物，为的是整全的保存和美德，并尽可能让每一部分遇到和去做适合自身的事情。对于这些部分的每一个，统治者们均规定了任何时候的遭遇和活动，直至最小的方面，它们在细枝末节上都尽善尽美。［903c］你只是其中的一分子，你这顽固的家伙喔，这分子总是奋力趋向整全，即便它微不足道。但你没有注意到的事实正是，所有生成皆是为此而产生：一个幸福的存在可以描绘整全的生活——整全的生成不是［c5］为了你，而你却是为了整全。因为，每个医生和每个能工巧匠，做每件事都是为了整全，他创造出的部分是为了整全，力争让总体变得最好，而非［903d］整全为了部分。但你却在发牢骚，因为你不知道，从你们的力量同源来看，就你的位置最有益于整全而言，何以同样最有益于你自己。由于灵魂始终与身体结合，有时与这一个［身体］，有时与那一个，［d5］由于灵魂经历了由它本身或由另一个灵魂引起的各种转变，那就没有别的任务留给下跳棋的弈手了，除了将已变好的性情移到更好的位置，将已变坏的性情移到更坏的位置，这样做依据的是适合每个灵魂的东西，以便分配给它［903e］相称的命运"。

克：你指的是哪种方式？

雅：可理解诸神最轻松地照管万物的方式——依我看，这正是我在解释的。因为，如果［e5］某位［神］没能一直照看整全，却能通过改变万物的形状来塑造万物，例如让有灵魂的水出自火，而非让多出自一，或［904a］一出自多，那么，经过第一次、第二次或第三次的生成之后，在重新安排的宇宙中，就会有无数的变化。不过，现在万物的照管者却出奇轻松了。

克：［a5］这又是什么意思？

雅：是这样。"既然我们的王者看到，一切行为皆涉及灵魂，这些行为中具有许多美德，但也有许多邪恶，而且，灵魂与身体一旦生成就无法毁坏，但并非永存——像依法存在的［904b］诸神那样——因为，这两种东西之一若遭毁灭，就绝不会有生物生成；同时，［既然我们的王者看到］，灵魂中凡是好的东西始终天然有益，坏的东西则有害；既然他看到了这一切，他或许会为每一部分设计一个位置，这样，［b5］在整全中，美德就会以最轻松和最好的方式大获全胜，邪恶则一败涂地。为了整全，事实上他就如此设计，因此，当某种东西生成时，它必须始终占有某个地方，而后驻扎在某些位置上。［904c］他也给我们每个人的意愿分配了成为哪类人的责任。因为，一个人欲望的方式和灵魂的性质，几乎在任何时候、在大多数情况下都决定了我们每个人的类型和性格的形成。"

《厄律克西雅斯篇》

（或 "关于财富"，伦理类的）

　　该篇对话是 7 篇托名作品中篇幅最长、论证最为周密细致的一篇，在库珀主编的《柏拉图全集》英译本中，该篇对话的导读也是由哈钦森写的。根据 393a—393b 的提示和整篇对话内容，我们知道该篇对话的讨论主题是关于德性与财富的，作者为我们详细地论述了关于财富与价值、幸福、智慧、现实、好、技艺、信仰、政治、哲人、传统、实用、需求等众多方面的复杂关系，从而使我们得以更加真切地看清财富的本质，过一种更加有德性的生活。因而，笔者把本篇对话的副标题定为 "或'关于财富'，伦理类的"。

　　哈钦森在其导读中首先描述了对话的大体内容：苏格拉底卷入了与厄律克西雅斯的谈话中，且谈话转向了财富与德性的主题。苏格拉底主张说，如果最富有的人就是那拥有最有价值的东西的人，那么那些拥有实践智慧的技艺的人必定就是最富有的人了。厄律克西雅斯拒绝了这种思考路线，但是当他断言在物质上丰富是好的时候，他却被克里提雅斯 "有钱并不总是一件好事" 的论证驳倒了。苏格拉底证明了厄律克西雅斯关于钱财的常识观点是混乱不清的，钱财只具有习俗约定的价值，假定我们自己在我们身体的所需方面，它并不比一个老师能够与其他人交流的各种技艺更为有用。在一个对克里提雅斯讲述的周密论证中，苏格拉底得出推论：钱财根本不能被认为是有用的，即便当它被用以获得某些有价值的东西时也是如此。最终的悖论是：如果钱财是有用的，那么任何拥有最多钱财的人必定是处于最差状况中的人；如果他并不处于非常坏的状况中，那么他将不需要大量的钱财，并且他将发现钱财并不是有用的。

哈钦森接着说到了本篇对话的另一个主题。他说，在关于财富的那些论证之间，偏离到了另一个主题，即关于哲学论证之本性的讨论：严肃的哲学论证与智力游戏之间的差别是什么？哲学论证与吵架之间的差别是什么？是论证还是说话人带来可靠性？哲学是一种个人献身的事业还是一种消遣娱乐的表演？这两个主题一起构成了对苏格拉底和志趣相同的哲人们所信奉的生活方式的深思。外表贫穷但内在富有，他们通过向其他人传授他们的智慧而支持他们自己，这是一种增加他们自己、他们遇到的和在生活中得到益处的所有学生们的价值的智慧。他们的技艺在于他们的各种论证，他们严肃地对待这些论证而不是为了争论，他们信靠这些论证，并且个人亲自献身于它们。

哈钦森还论及了该篇对话的其他一些观点：《厄律克西雅斯篇》中的许多观点是苏格拉底时常探讨的，有一些在《柏拉图全集》中有相似之处。苏格拉底祈祷说，"请让我认定智慧的人是富有的吧。至于黄金，对我而言，就像一个其他人既不能背负也不能携带胜过一个谨思的人那么多就足够了"（《斐德罗篇》279c）。苏格拉底在《尤叙德莫斯篇》中倡导哲学时主张，知道如何使用事物比拥有它们更好。

最后哈钦森讲到的是关于该篇对话的创作情况和它对后世哲学流派的影响，他说，柏拉图对《厄律克西雅斯篇》这位不知名作者最大的影响很可能是在该对话的文学创作方面，这篇对话的创作和柏拉图自己的"苏格拉底式"对话一样周密细致。学者们已经注意到《厄律克西雅斯篇》与斯多亚派和怀疑派观点的相似之处，并且试图推出年代学上的结论。但是，唯一的可靠证据只是399a处的体育视察官，是在大约公元前337年和公元前318年之间的某个时期采取这种形式的一种职官。本篇对话必定是这个时期或更后时期的，它也许是在学园中写成，学园为后来斯多亚派和怀疑派的发展提供了肥沃的土壤。

一 原文翻译及注解

（一）引子：视财富为最高价值的
厄剌西司特剌托斯

当克里提雅斯①和厄剌西司特剌托斯——厄剌西司特剌托斯之子淮雅克斯的侄儿——来到我们跟前时，我碰巧正与什汰里亚

---

① ［泰本］寡头政治的支持者。

人厄律克西雅斯到解放者宙斯的廊柱①附近漫步。事实表明，厄剌西司特剌托斯最近刚从西刻利亚及其附近的其他地方回来。当他来到我面前时说道，你好，苏格拉底。

——你也好，我回答道，有什么值得向我们报道的来自西刻利亚的事情吗？

——当然，但是你介意先坐下来吗？我昨天从麦加拉步行到这里，现在已经筋疲力尽了。

——完全不介意，如果那是你想要的。

——对于那里的形势你想先听什么呢？西刻利亚人在忙些什么或者他们对我们的城邦采取什么态度？就个人而言，我认为在他们对我们的感情方面，他们就像黄蜂一样，如果你一次招惹了他们，哪怕使他们仅有一点点愤怒，他们都会变得难以控制，你不得不通过攻击他们的窝巢而把他们驱逐走，绪腊科西亚人就是这样的。除非我们特别地带一支非常庞大的军队去他们的城邦，否则他们不可能会屈服于我们。不彻底的折中办法只能使他们更愤怒，然后他们将变得极其难以对付。其实，他们刚刚派出了使者到我们这里，我想他们计划以某种方式欺骗我们的城邦。

——正当我们在谈论时，绪腊科西亚使者碰巧经过这里。厄剌西司特剌托斯指着他们中的一个说道，那边那个人，苏格拉底，是全西刻利亚和伊塔利亚最富有的。他肯定是〔最富有〕的，因为他有如此大量的由他控制的土地，如果他想的话他能够

---

　　① 〔E文〕解放者宙斯的廊柱是柏拉图伪篇《塞雅葛斯篇》的发生地点，也是克色诺丰的 *Oeconomicus* 中苏格拉底与 *Ischomachus* 对话的发生地，该篇对话的作者可能是受到 *Oeconomicus* 对话场景选择的影响，对话中的其他细节似乎表明了这篇著作的影响。

很容易地耕种一大片。他的这片土地不同于其他土地，至少不同于贺尔拉什的土地。他还拥有大量其他使你富有的东西：奴隶、马匹、金子和银子。

（二）探讨的主题：德性与财富

——当我看到他正准备继续唠叨这个人的财产时，我问他：但是厄剌西司特剌托斯，他在西刻利亚拥有什么样的声誉呢？

——人们认为他是所有西刻利亚人和伊塔利亚人中最邪恶的一个，他确实是最邪恶的。在程度上他的邪恶甚至超过他的富有，所以如果你想询问一下任何一个西刻利亚人谁是他所认为的最邪恶的人和谁是最富有的人，每个人都将会说出相同的答案：他就是。

我觉得厄剌西司特剌托斯所谈论的内容不是个小问题，相反，它恰恰是人们认为最重要的东西，即德性和财富。于是我问他，谁更富有，是拥有1塔蓝通银子的人，还是拥有一片值2塔蓝通银子的土地的人。

（三）探讨进程

1. 财富与价值

——是拥有土地的人，我想。

——运用同样的论证，如果有人拥有价值比我们西刻利亚伙伴的财产更大的衣服、毯子或其他东西，那他将是更富有的了。

——厄剌西司特剌托斯表示赞同。

——如果有人让你在这两者中作选择，你会想要哪一个？

——我会选择他们中最有价值的。

——你是否认为这个选择会使你富有？

——我是这么认为的。

——照此情况，我们认为拥有最有价值的东西的人就是最富有的人？

——是的，他说。

——那么，健康的人将比生病的人更富有，因为与病人的财产相比健康是一种更有价值的持有物，无论如何，每个人都更愿意身体健康和拥有少一点钱财，而不愿意身体有病，和拥有大王①的财富，因为他们显然认为健康更有价值。毕竟没有人会选择健康，除非他认为健康比财富更值得选择。

——当然。

——同样地，如果有别的东西看起来比健康更有价值，那么拥有这个东西的人将会是最富有的人。

——是的。

——假定有人现在来到我们面前，并且问道，你们能否告诉我，苏格拉底、厄律克西雅斯和厄剌西司特剌托斯，对一个人而言，最有价值的持有物是什么吗？是不是它的拥有者将使他能够对他怎么能最有效地处理他自己的和那些他的朋友们的事情做出最好决定的东西？我们会说这个东西是什么呢？

2. 幸福与价值

——在我看来，苏格拉底，幸福是一个人最有价值的持

---

① ［C本］佩耳西亚的大王，谚语常说的富有者。

有物。

——这当然不是一个很差的答案，不过我们是否会认为这世界上最幸福的人就是最成功的呢？

——是的，我是这么认为的。

——最成功的人不就是那些在处理他们自己的和那些其他人的事情时犯最少错误而做对最多事情的人吗？

3. 智慧与价值

——正是。

——因而，那些知道什么是不好的和什么是好的，以及一个人应当做什么和不应当做什么的人将会拥有最大的成功和犯最少的错误。

厄剌西司特剌托斯也同意这一点。

——那么实际上，这些同样的人显然是最智慧的、最成功的、最幸福的和最富有的，因为事实证明智慧是最有价值的拥有物。①

4. 智慧与财富

——是的。

——厄律克西雅斯插话说道，但是苏格拉底，它对这个人怎么会有任何作用呢？如果他比内司拖耳智慧，却不拥有他每天生活所需要的各种东西：食物、饮料、衣物，以及其他这类东西，智慧能有什么帮助呢？他怎么能是最富有的呢，因为如果他没有基本的生活必需品他也许还不如做个乞丐。

---

① ［泰本］应该可以说最富有的人是"聪明而又善良的人"，因为他们不会在一生中因走错一步而损害幸福："知道什么是善的人是唯一真正的富豪"——分明暗指斯多亚派的譬论："唯有明智的人才是富豪。"

——我觉得厄律克西雅斯说得合情合理，便答道，但是这种情形会发生在那拥有智慧而缺乏这些基本必需品的人的身上吗？即如果某人拥有浦吕提温的房子，房子充满金子和银子，他会什么都不需要吗？

——为什么？不会的，他很可能会马上卖掉他的拥有物，通过交换获得他每天生存实际所需的东西，或者甚至花掉金属钱币，用它们作交换，他能够得到那些东西，然后马上充分地拥有每样东西。

——对，假定其他人其实是想要一座像浦吕提温的房子那样的房子而不是我们朋友的智慧的话，情形会是这样的。然而如果他们是那种在人的智慧及其产生的东西上做出更大投资的人，那么要是实际上智慧的人需要和想出售智慧及其产品，他将能够更容易得多地出售它。人们其实不是感到如此强大的拥有一座房子的使用权的迫切吗？一个人的一生中住在一个像浦吕提温的房子那样的房子里而不是住在一个又小又简陋的住宅里会造成如此巨大的区别吗？而智慧的使用却只有很小的价值，一个人在真正要紧的事情上是智慧的还是无知的并不会造成太大的区别吗？人们不是轻视智慧，并且拒绝为智慧付费吗？不是有很多需要和想购买浦吕提温房子里的柏木和来自朋忑利坎山的大理石的人吗？不管怎样，如果一个人是一个精于其艺的航海家或医生，或者能够在某些与那些行业类似的其他行业中有成功的实践，那么他将会受到比每一位物质的巨大拥有者更高的器重，对于那能够就如何为他自己或某个其他人取得成功提供建议的人又怎样呢？他将不能够出售该技艺吗，如果这就是他想做的事情的话？

——厄律克西雅斯打断话题，看上去很恼火，好像有人对他做错了什么事情似的。他插嘴说道，如果你必须说真相的话，苏格拉底，你会真正地声称你比希普泼尼科斯①的儿子卡尔利雅斯更富有吗？我敢肯定你会同意在所有最重要的事情上你确实是智慧的，真正是更智慧的，但是，那并没有使你变得更富有。

5. 智慧、论证与现实

——或许，厄律克西雅斯，你认为我们现在所谈论的这些论证只是一场游戏。因为，正如你设想的，它们没有真实性，就像十五子棋游戏中的棋子，你能移动它们，获得超过对手的优势，使得你的对手们不能移动棋子以对抗你。现在对于财富你或许也认为真实地情形不会比另一种方式更是一种方式，有些论证是相同种类的，都是虚假的。如果一个人提出了这些论证，在以我们的观点主张最智慧的人也是最富有的人时，他能优胜于他的对手们。尽管他所说的是虚假的，而他的对手们说的却是真实的。或许这并不奇怪，它就好比是两个人在谈论字母，一个主张"苏格拉底"这个名字以字母"S"开头，而另一个则主张它以字母"A"开头，主张以字母"A"开头的论证被证明为比主张以字母"S"开头的论证更强大。

——厄律克西雅斯环顾了一下在场的人们，脸红地笑了，好像他不曾在最早的谈论中出现过似的。他说，苏格拉底，我认为我们的论证不应该是那种不能说服任何一个在这里的人并为他们提供某种帮助的论证。哪个处于正常理智的人会被"最智慧的人就是最富有的人"这种观点说服呢？由于我们在谈论财富，所以

---

①　[C本] 雅典最富有的人之一，以其在智师们身上的慷慨花钱而闻名，见《申辩篇》20a；《普若塔高剌斯篇》（*Protagoras*，又译为《普罗泰戈拉篇》《普罗塔哥拉篇》《普罗塔戈拉篇》）里的事件是在他的家里发生的。

我们将要讨论的内容是在什么条件下变得富有是美好的和在什么条件下变得富有是可耻不光彩的，以及财富是什么种类的东西，它是好的还是坏的。

　　一：好的，从现在起我会小心的，谢谢你提供的好建议，但是既然你引入了问题，你本人为什么不试着告诉我们你认为变得富有是好事还是坏事呢？特别是你并不认为我们先前的论证是在讨论这个主题。

　　6. 财富与好

　　——那好吧，我认为变得富有是好的。

　　——他想继续发言，但是克里提雅斯打断说，告诉我，厄律克西雅斯，你是否认为变得富有是一件好事。

　　——我当然这么认为，如果我不这么认为我就是疯了，我确信全世界的人对于这一点都会同意我的。

　　——不过我也认为我能够使每一个人相信，对于某些人而言，变得富有是一件坏事。然而如果变得富有真的是好的，那它对我们中的某些人而言将不会显得是件坏事。

　　——然后我对他们说：如果你们俩对于谁在专业马术上是更大的权威不能取得一致意见，而我碰巧知道关于马的事情，那我将尽力停止你们的争论。毕竟，如果我在那里而不尽我所能地阻止你们的争论，我将是可耻的。类似地如果你们对于任何其他事情全都不能达成一致意见，并且很可能会像敌人而不是朋友一样离开，除非你们达到同一的理解。但事实是，你们的分歧是关于某些你们整个一生都要处理的事情，你认为它有用还是没用会造成很大的区别。而且希腊人并不认为它是任何普通的事情，他们以最高的关注看待它——至少这是为什么父亲们当他们认为他们的儿子们已经达到具有了自己理智的年龄时——建议他们的儿子们要考虑的第一件事是他们将怎样变得富有。因为，一个拥有各种拥有物的人是有一定价值的，而并不拥有什么拥有物的人是毫无价值的。现在如果这个观点被如此严肃地对待，你们在其他事情上看法完全一致，却在如此重要的问题上产生分歧——除此以外，不是在关于财富是黑的或白的、轻的或重的上，而是在关于财富是好的或坏的上——这样，如果你们对于什么是好，什么是坏争论不已，你们实际上成了最糟糕的敌人，尽管你们实际上是最亲密的朋友或亲戚。如果我能的话，在你们进行论证时我将不会忽视你们。如果我能够把情况向你们作个解释，停止你们的争论，我将这样做。但是事实上，由于我不能做到这一点，而且由于你们每个人都认为能使对方赞同自己，所以我准备尽我所能地帮助你们达到对财富的一致意见。所以请尽力使我们赞同你，克里提雅斯，正如你试图要做的那样。

——正如我打算的，我想问一下厄律克西雅斯是否认为存在着正义的人和不正义的人。

——向宙斯发誓，我几乎肯定是这么认为的。

——那么你认为不正义是一件好事还是一件坏事？

——一件坏事。

——你认为一个人如果花钱与他邻居的妻子通奸，他的行为是正义的还是不正义的，事实上城邦和法律都禁止通奸行为？

——就我的想法而言，他的行为是不正义的。

——所以如果想做这种事的不正义之人是富有的且能够花得起这个钱，那他就将犯罪。但是如果他不富有，没有资源去花费，他就只好不实施他所想之事了，那样就根本不会有罪行发生。结论是这个人如果并不富有，他就会过得更好，因为当他所想的事情是错误的时候他将拥有更少实施他所想之事的机会。这里是另外一种事情，你会说生病是坏事还是好事呢？

——我会说是坏事。

——那么现在，你是否认为有些人意志薄弱呢？

——我是这么认为的。

——那么，如果对意志薄弱者的健康而言，远离食物、饮料，以及其他人们认为是令人快乐的东西更好，而他由于软弱不能做到这一点，那么要是他没有获得这些东西的手段而不是拥有大量他所需要的东西，对他不是更好吗？因为那样的话他将不会有机会犯错，不管他多么想那样做。

7. 现场辩论与理论审视

我在想，克里提雅斯如此有效地引导这场对话，要不是厄律克西雅斯在在场的众人面前感到难堪，他可能会站起来打克里提雅斯了。厄律克西雅斯觉得某些重要的东西已经被从他那取走了，因为对他而言很明显，他先前对财富的看法是错误的。我意识到他有这样的感觉，担心会引发辱骂和敌对。所以我说道，就在几天前这个论证在吕柯昂被一个来自刻欧什的名叫普洛狄科斯①的智师使用过，在那里的人们认为他是在谈论废话，以至于他不能使他们中的任何一个人相信他是在说实话，事实上，有个非常坦率直言的年轻人走上去，坐在普洛狄科斯旁边，他要求普洛狄科斯解释一下他在说什么，而且他在听众中的地位比普洛狄科斯高得多。

――――――――――――

① ［C本］一个职业的训练师（sophist，智者、智师），见《普若塔高剌斯篇》315d，337a，吕柯昂是雅典城墙外的一个公共场所。

8. 德性、财富与好

——厄剌西司特剌托斯说，你愿意为我们讲述一下谈话过程吗？

——当然，假如我能记住的话。我想谈话大概是这样进行的：

那个年轻人问他，他认为财富在什么方面是不好的，在什么方面是好的。普洛狄科斯就像你刚才那样地回应他：对那些知道应当在什么情形下使用他们的财富的绅士们而言是好的，而对那些邪恶无知的人们而言是不好的。其他每种事情的情况与此相同：人们所处理的各种事情的本质必然地反映出人们自己。我认为阿耳契罗廓斯①的诗对此说得好：人的思想与他们所遇到的事情类似。

9. 德性、技艺与好

那样的话，那个年轻人说道，假如某人要使我在与好人们所擅长之事相同的事情上变得熟练，那他必然地同时要使我的其他每一件事情都变好。然而这并不是他努力的重点，因为他关注的是他已使我变得熟练而不是变得无知的事情。这就好比现在有人要使我在文法上变得熟练，他将必然地要使我的其他与文法有关的事情变好，关于音乐也与此类似。当他使我变好了时，情况也是相同的：他必然地已使我的其他事情也都变好了。

——对于这些类比，普洛狄科斯并未表示他的赞同，而是继续谈论年轻人最初的说法。

---

① ［C本］公元前 7 世纪早期抑扬格诗文和挽歌对句体诗文（iambic and elegiac poems）作者，所引的诗行见于洛布版《挽歌和抑扬格诗文》第二卷第 70 条［frg. 70 Edmonds（Loeb），*Elegy and Iambus*，Vol. 2］。

——你是否认为，年轻人说道，做各种好的事情就像建造房子，是人手的工作吗？或者是各种事情必须继续与它们开始时相同，不管坏或好？

——我想，普洛狄科斯现在对他们的讨论被引向哪里产生了怀疑。因此为了避免在在场众人的注视下被那个年轻人打败——尽管他认为这与他们单独谈话时被打败并无区别——他作了一个非常精明的回应，说做各种好事是人手的工作。

10. 德性、技艺与祈祷

——你是否认为，年轻人说，德性是可教的，或者是天生的？

——我认为德性可教，普洛狄科斯说。

——你是否认为某个人如果他设想通过向众神祈祷，他就能够在文法上或者文艺上变得熟练，或者能够获得某些其他只有通过向别人学习或自己寻求才能拥有的专长，将是愚蠢的？

——是的，我是这么认为的。

——所以，普洛狄科斯，年轻人说，无论什么时候你向众神祈祷成功和各种好东西，你在那些场合都不是在为成为一个绅士以外的任何东西做祈祷。因为事实上，各种事情对于绅士而言都是好的，而对于平庸的人而言都是不好的。但是如果德性确实可教，事实将表明，你不是在为教会你所不知道的东西以外的任何东西祈祷。

——我告诉普洛狄科斯，我认为他处于一个严重的错觉之中，如果事实表明他在设想我们在为某些东西做祈祷的同时就从众神那里获得我们所祈祷的东西时是错误的。虽然你有时急匆匆地去卫城向众神祈祷，请求他们赐给你各种好东西，但是你并不知道他们能赐给你所请求的东西。就像你到一个学校老师的家里去，请求他赐给你文法技艺，而你自己却不需要任何努力，这样你获得它后你也将立即能够做一个学校老师能够做的工作了。

11. 哲学、技艺与政治

当我说这话时，普洛狄科斯，恼火于他对众神的祈祷可能表明为无用，对那个年轻人发起了攻击，他为了维护自己，想提供与你刚才所做的论证相同的论证①，但是那时体育馆的监管走了过来，叫他离开。他认为普洛狄科斯的谈话不适宜于年轻人的耳朵，如果他的谈论是不适宜的，那么它们必定是邪恶的。

12. 假德性与哲学

我之所以复述这个的原因是，这样你们就可以看到人们对哲学的感觉是怎样的了。如果普洛狄科斯在这里像他以前那样争论，你们将都会认为他是如此的疯癫以至于甚至应当被从体育馆驱逐出去。因而刚才你看起来引导你的论证是如此的好，克里提雅斯，以至于你不仅使每个在这里的人都信服，而且还使你的对手也赞同你。它很明显地就像法庭上的情形：如果有两个人要提供相同的证词——一个有绅士的声誉，另一个是邪恶的人——陪审员们将对邪恶者的证词保持不信任，甚至很可能做得与他所想的东西相反。但是如果那个拥有绅士名望的人说出相同的事情，他的话将被判定为是绝对正确的。或许你的听众对你和普洛狄科

---

① ［E文］普洛狄科斯的论证，正如我们看到的，被正确地或错误地归于克里提雅斯，其充分的表述是：变得富有对于那知道财富应当如何被使用的好人而言是好的，而对于那不知道财富应当如何被使用的邪恶之人而言是不好的。

斯所采取的态度就是如此。他们认为普洛狄科斯是个智师、骗子，但是他们认为你是一个参与我们城邦事务的重要人物。他们还认为他们不应该关注论证本身，而应当关注争论者们的品性。

13. 考察哲学与政治

——为什么？厄剌西司特剌托斯说道，苏格拉底，你也许并不是严肃地对待你所说的事，但是在我看来克里提雅斯很清楚地知道某些重要的东西。

——不过向宙斯发誓，我是绝对严肃的。但是由于你们俩如此有效地进行你们的讨论，为什么不同样地对它作最后的检验呢？我想还剩有某个东西你要考察，因为看起来至少在财富对有些人是好的而对其他人则是坏的这一点上有了一致意见。现在所有剩下的事就是要考察一下财富本身是什么，除非你首先确定这一点，否则你甚至都不能对它是坏是好达成一致意见。我准备尽我所能地多给你帮助，以完成你的考察，所以照理应由那主张财富是好东西的人向我们解释一下他的立场。

14. 财富是什么

——我本人，他说，苏格拉底，对财富的看法与每一个其他人没有什么不同：财富就是拥有大量财产。我确信这里的克里提雅斯对于富有也会持相同的看法。

15. 财产与传统

——那样的话，那你接下来仍然要考虑财产是什么，以避免稍后又出现对此的争论。让我用卡耳轲顿人的例子来阐明这一点，他们使用下面这种货币，某种大概像一什塔忒耳那么大尺寸的东西被绑在一小片皮革里，除了绑缚的人外没人知道这是什么，然后当这种东西被密封时，他们就把它投入流通，拥有最大数量这种东西的人被认为拥有最多财产，是最富有的人。然而如果我们中有人拥有大量的这种货币，他将不会比拥有大量从山中取来的鹅卵石更富有。在拉刻代蒙，他们根据重量把铁投入流通，而且是无用的那种〔铁〕。拥有大量这种铁的人被认为是富有的，然而在别的地方这种拥有是毫无价值的。在埃昔奥匹亚他们使用雕刻的石头，一个拉叭尼亚人会认为这种石头毫无价值。在什库昔亚游牧民族中，拥有浦吕提温的房子将会被认为并不比我们看吕卡贝特托什山的拥有者时所认为的更富有。

因而很明显，每一种这些东西都不能是财产，因为某些拥有它的人并不因为它而看起来更富有，然而每一种这些东西对某些人而言又的确是财产，这些人因为拥有它而是富有的，但是对其他人而言它既不是财产，也不会使他们变得更富有。同样地，相同的东西并非对每个人都是美的或丑的，而是不同的东西以不同的方式打动不同的人。

那么，如果我们将希望研究为什么情形会是房子在什库昔亚人的眼中不是财产，而对于我们却是财产；或者为什么皮革对于卡耳轲顿人是财产，而对于我们却不是；或者为什么铁对于拉刻代蒙人是财产而对于我们却不是，我们的研究结果难道不会正好是像下面这样的吗？让我解释一下，假如我们在市场上看到某个雅典人有重 1000 塔蓝通的石头，由于这些石头对我们没什么用处，因而会有任何我们应当认为他因为拥有它们而更富有的理由吗？

16. 特殊财产与普遍财产

——在我看来，显然没有。

——但是假如他拥有相同重量的吕可尼忒什①红宝石，我们会说他其实是非常富有的吗？

——当然。

——是因为一种东西对我们有用，而另一种东西对我们无用吗？

——是的。

——这也是为什么在什库昔亚人那里房子不是财产的原因，因为房子对什库昔亚人没什么用处。一个什库昔亚人也不会舍弃厚重的皮衣裳而求取最漂亮的房子。因为一种东西对他们有用而另一种东西对他们没用。再者，我们并不认为卡耳轲顿钱币是财产，因为不可能从它那得到我们所需要的东西，就像我们用银币可以得到那样，因而它对我们是无用的。

——很正确。

——可以得出推论，每一种被表明对我们有用的东西就是财产，无用的东西就不是财产。

——厄律克西雅斯对此回应说，这怎么可能呢，苏格拉底？我们的情形是我们通过对话、观看和其他种种行为相互使用对方，难道这些对我们就是财产吗？它们的确看起来是有用的。但是尽管这样，我们还是没有获得一个财产是什么的印象。每个人都已经非常赞同，某个东西如果要成为财产就必定是有用的，但是由于并非全部有用的东西都是财产，那么哪种有用的东西是财产呢？

---

① ［C本］帕洛什岛的白大理石（Parian marble，爱琴海帕洛什岛以产白大理石著称），或者指一种红色的宝石。

126

　　要是我们通过与被发明用来治愈疾病的药物比较来进一步探讨这个问题会怎么样呢？难道我们不会拥有一个发现我们正在寻找之物，即我们认为是财产的东西是什么和为了什么目的而发明财产的更好的机会吗？或许这种途径会使它对我们变得更清晰。现在看来，每种是财产的东西必定也是有用的，我们称作财产的东西是这些有用之物中的一种。因而我们还必须要做的事就是考虑一下财产的有用是用作什么用途的。比如，所有我们用来工作的东西当然都是有用的，就像所有有生命的东西都是动物一样，但是我们把这些动物中的一种称作人。现在假定有人问我们什么东西必须被消除，这样我们就将不需要药品或医疗器具。我们的回答会是，如果疾病被从身体消除，并且完全不再出现时，或者是如果它们一出现就被消除时。因而看起来是，医疗是对消除疾病有用的科学。

　　但是如果有人接着问我们，什么东西必须被消除，这样我们将不需要财产，我们会有答案吗？如果我们没有答案，就让我们再沿着这些路线重新开始吧：如果一个人没有食物和饮料也能够活着，不会饿着或渴着，那么他拥有这些东西或者拥有钱财或任何其他为他提供这些东西的东西会有什么用处呢？

　　——没用，我想。

　　——对于其他东西，也是相同的。如果我们没有目前照顾身体所需要的各种东西，比如热、冷，以及其他每一种身体缺乏而需要的东西的需求，那么被看作财产的东西对我们将是无用的。因为根本没有人会对我们因之而需要财产的各种事物产生需求。就身体的各种持久欲望和需求而言，我们的结果将是满足。所以，如果拥有财产的用处是照顾身体的需要，那么如果这些需要被从我们的预期中取走，我们就将对财产没有任何需要，财产甚至会根本不存在了。[①]

——看起来是这样的。

——那么看起来是，那些对这种操劳有用的东西对我们而言就是财产。

——厄律克西雅斯同意这一点，但是他开始变得对谈话十分困惑。

——下面这些怎么样？我们说相同的东西对于某种特殊的目的而言会有时有用，有时无用吗？

——不，我不这么认为，相反，如果我们对于针对那一个目的的某事物有任何需要，那么我的确认为它就是有用的，但是如果我们不需要它，那它就是无用的。

——因而如果我们没有使用火而不能够铸造一个金像，那么对于铸金像，我们将不需要火。如果融化冰不需要火，那么火对我们也就会是无用的。相同的论证也可以应用到其他事物上。

——看来是这样的。

——所以看起来好像是，当某事被完成的时候任何不需要的东西在这件事上对我们而言也都是无用的。

——对。

——那么，如果某一天将表明，我们能够终止身体的各种需求，使它不再有任何需要，我们没有银子、金子和其他这类我们实际上并不以使用食物、饮料、衣服、毯子、房子的方式使用于身体的东西而能够做到这一点，那么事实将表明，假定身体的各

---

① 财富着眼于身体；相应地，知识着眼于灵魂。

种需要某一天能够不使用这些东西而被消除，银子、金子，以及其他这类东西对于我们的这一特殊目的都将是无用的。

——你说得对。

——那么事实将表明，如果它们是无用的，尽管它们将是能使我们获得有用之物的东西，那么这些东西对于我们也不是财产。

——苏格拉底，我绝不能相信金子、银子，以及其他这类东西不是财产，就像你所说的。我当然相信对我们无用的东西不是财产，以及财产属于那些最有用的东西。但是我不相信这些东西对于我们的生活其实是无用的，因为我们能够通过它们获得我们所需要的东西。

17. 技艺、知识与财富

——那么来吧，我们会对这一点说什么呢？不是有一些教音乐、文法，或某种其他技艺的老师吗，他们通过讲授取得回报而获得他们自己所需要的东西。

——有的。

——所以，这些人是凭借他们的这种技艺而能够获得他们所需要的东西，通过与我们取得作为金子和银子的回报的各种事物相同的方式取得作为这种技艺的回报的某种东西。

——是的。

——但是，如果他们是凭借这种技艺而获得他们的生活所需，那么它本身对于生活其实就是有用的。我们确实说过财产是有用的，因为凭借它我们能够获得我们身体所需要的东西，不是吗？

——是的，我们说过。

——所以，如果这些技艺被认为对此目的有用，那它们显然就是财产，金子和银子出于同样的原因而是财产。同样明显的是，那些拥有这些技艺的人是更富有的。然而早些时候，我们在接受这些人是最富有的人这一论点时却有很大的麻烦。可是，根据我们刚刚达成的一致看法必定推出：更有技艺的人有时是更富有的人，例如如果有人问我们是否认为一匹马对每个人都是有用的，你难道不会回答，对那些知道如何使用马的人而言它是有用的，而对于那些不知道如何使用马的人则是无用的。

18. 技艺知识与普遍知识

——我会这样回答的。

——运用相同的论证，医药也不是对每个人都是有用的，而是仅仅对那些知道如何使用它的人才是有用的。

——是的。

——对于每一种其他事物也是相同的吗？

——显然是的。

——那么，金子、银子和其他那些被普遍看作是财产的东西将仅仅对那知道它们应当如何被使用的人而言才是有用的。

——是这样的。

——现在我们不是处在早些时候的印象下吗？即绅士才知道在什么时候和怎样使用每一种这些东西。

——是的。

——那么，这些东西只有对这些绅士而言才将是有用的，因为他们是知道它们应当怎样被使用的人。但是，如果这些东西只对他们有用，那么看起来是，这些东西仅对他们才将是财产。而且看来是，如果有人接受了一个对骑马一无所知、拥有于他无用的马匹的人，然后使他知晓马匹的知识，那么他就将同时也使他更富有了，因为他使这个人先前无用的东西变成了有用的东西。通过给这个人一些知识，他不断地使他富有。

19. 具体物体与工具物体

——看来是这样的。

——然而，我敢肯定我也能够替克里提雅斯发誓，他并没有被这些论证中的任何一个说服。

——向宙斯发誓，没有，他说，事实上如果我被它们说服了，我就将是疯了。不过你继续说吧，完成你的"被普遍认为是钱财的各种东西——银子、金子以及其他这类东西——并不是财产"的论证吧。你无法想象我是多么钦佩你的这些论证，我正要听你现在就阐述它们呢。

——我想，克里提雅斯，你喜欢听我说，和你喜欢听吟唱荷马诗作的史诗吟诵者的方式一样：你并不认为它有一个字是真实的。但是来吧，我们会对此说什么？你会说当房屋建造者们建造一座房子时，有些东西对他们是有用的吗？

——是的，我想是的。

——我们会说那些他们用来建造的东西——石头、砖块、木板之类的东西——是有用的吗？或者这些他们用来建造房子的工具也是有用的呢，通过这些工具他们为自己提供了木板和石头，以及同样地，提供这些工具的工具也是有用的呢？

——我想所有参与这项工作的东西都是有用的。

——对于所有其他活动不也是这种情况吗？不仅仅这些我们

用于每一种我们的任务中的东西本身是有用的，那些我们通过它们而获得这些东西，没有它们我们的工作就不能完成的东西也是有用的。

——对。

——那么同样地，通过它们这些最后的东西得以完成的东西，以及任何在它们之前的东西，并且继续往前，通过它们这些东西得以造出的东西，以及在它们之前的东西，毫无止境地往前推移，所有这些东西难道不都不可避免地显示为对我们工作的生产有用吗？

——是的，很可能是如此。

——现在，如果一个人拥有了食物、饮料、衣服，以及任何其他可能用于身体的东西，他还会有什么附加的对金子、银子或任何其他用来获得它们的东西的需要吗，假定他已经拥有了它们？

——我对此表示怀疑。

——你是否认为一个人不需要任何这些身体所需要的东西的情形会出现？

20. 德性与财产

——不，我不会这么认为。

——现在如果这些东西将显示为对于这个目的是无用的，难道不就会推出它们绝不能显示为是有用的吗？毕竟它是我们的一个讨论基础，即事物对某一个特殊目的而言，不能有时是有用的，有时是无用的。

——嗯，在这方面，至少我们的论证可以达成一致意见，即如果这些东西应当恒常对此目的有用，它们就将绝不会也被表明为是无用的。正如对于做某些事情那样，有些人用一些东西来做邪恶的事情，有些人用它们来做善好的事情。

——是的，我会这么说。

——某种邪恶的事情对于以做某种善好之事为目的而言能是有用的吗？

——不，我不这么认为。

——我们会说一个有德性地行事的人所施行的那些行为是善好的吗？

——是的。

21. 实用与德性

——一个人如果被完全剥夺了听别人的能力，他能学到任何口头传授的东西吗？

——不，凭宙斯起誓，我认为不能。

——所以，将会表明，听觉会被认为是对德性有用的，因为德性能够通过听觉传授，我们使用这种感觉来学习。

——显然是的。

——由于医药能够终止一个人的疾病，所以看起来是，有时候医药也可以被认为是对德性有用的，如果一个人能够通过医药而获得听觉能力的话。

——这是可能的。

——再者，如果我们通过交换财产而获得医药，那么财产显然也将是对德性有用的。

——是的，很正确。

——我们获得财产的各种手段也是同样的吗？

——绝对是的。

——你是否认为一个人能够通过邪恶的和不光彩的手段获得钱财，然后作为交换而得到医疗知识，通过医疗知识他将能够在已经不能听之后听，并且能够把这同一种能力用于德性上或其他这类事情上？

——我当然这么认为。

——显然没有什么邪恶的事情能够对德性有用。

——是的，没有。

——那么，那些我们通过它们从而获得一个目的或另一个目的所需之物的东西，对于那相同的目的并不必然地也是有用的。否则不好的东西将有时显示为对一个好目的是有用的，也许下面这一点会使之更明白，如果有些东西对一个目的或另一个目的是有用的，这个目的在那些东西出现之前不可能实现，请告诉我，你对此会怎么说？无知能对晓知有用吗，或者疾病对健康，邪恶对德性有用吗？

——我不这么认为。

22. 相反者相成

——然而我们将对以下这点达成一致看法，即如果无知没有先存在于一个人身上，晓知就不能属于他；如果疾病没有先存在于他身上，健康就不能属于他，如果邪恶没有先存在于他身上，德性就不能属于他。

——是的，我想我们会对此达成一致看法。

——那么不就是它们将会必然地表明——那些缺乏它们就不可能有所产生的事物——就是这些事物并且是对此有用的事物。因为那样的话对我们而言看起来就将会是，无知对晓知有用，疾病对健康有用，邪恶对德性有用。

——克里提雅斯现在发现很难跟上这些论证，即是否每一种我们提到的东西都可以是财产。

23. 需求、实用与好

——当我意识到要说服他将会是如谚语所说"就像煮一块石头一样容易"时，我说，让我们忘掉这些论证吧，因为我们无法同意有用的东西和财产是否是相同的。但是我们会对以下这点说什么呢？即如果一个人的身体需求和每天的生活需求极其众多，或者是如果这些需求尽可能地小和简单，我们会认为他是较幸福的和较好的吗？或许考察这一点的最好方式是通过考察他在生病时或健康时的状况是否更好来把他和他自己作个比较。

——我们考察这一点肯定不需要花很长时间。

——无疑是因为每个人都会很容易地认识到健康人的状况优于病人的状况。那么现在，在什么状况下我们会对各种东西有更大的需求，是当我们生病时还是当我们健康时？

——当我们生病时。

——所以是当我们处于最坏的状况时，我们对身体上下各种快乐的欲望和需求是最强大的和最繁多的。

——是这样的。

——就像一个人，当他自己拥有最少那种需求时，他就是处在最好的状态中，同样的推理能运用于两个人身上吗，其中一个的欲望和需求强大且繁多，而另一个则少且温和。例如，随便考虑一下守财奴、醉汉，或贪吃者，所有这类状况都接近于只是欲望。

——对。

135

——但是所有这些欲望不过是对某种东西的需求，那些拥有最大量需求的人处在一个比那些根本没有需求或拥有尽可能少需求的人更糟糕的状况中。

——在我看来，那样的人肯定处于一个很差的状况中，他们需要得越多，就越糟糕。所以我们是否认为，各种东西对某种目的而言不能是有用的，除非我们为了那个目的需要它们。

——对。

——那么如果我们假定，这些东西对于照顾身体的各种需求是有用的，我们是否也必须为了这个目的而需要它们。

——我想是这样的。

——所以为了这个目的而拥有最大数量各种有用东西的人也将表明为需要最大数量为此目的服务的各种东西，因为他必定是需要一切有用的东西。

（四）结论：财富不是德性

——这正是在我看来的样子。

——根据这个论证，至少表明那些拥有大量财产的人必定也需要许多用来照顾身体的东西，因为财产被看作是对这个目的有用的。所以最富有的人必然地会向我们表明他们是处在最糟糕状况中，因为他们需要最大数量的这些东西。①

---

① ［泰本］作者打算反对言之无物的"讲坛上激昂慷慨的演说"，而代之以冷静客观的学园观点：财富和智慧是不同的事物，前者处于善的等级的底层，后者则处于顶端。

二　《厄律克西雅斯篇》疏评

正如哈钦森在他为该篇对话所写的导言中所说的一样，该篇对话的创作和柏拉图自己的"苏格拉底式"对话一样周密细致。虽然对话的讨论主题是关于德性与财富的，但是在对话的讨论过程中也提到了关于财富与价值、幸福、智慧、现实、好、技艺、信仰、政治、哲人、传统、实用、需求等方面之间关系的众多观点。我们在阅读该篇对话时，应当抓住"财富是什么"这个主要问题，提纲挈领地去理解和把握全篇。

（一）财富是否是人的最高生存价值

人活着是为了什么？或者说人应当怎样生活？哲人的生活是怎样的？在对话的开篇，作者为我们描绘了一个视财富为最高价值的人物——厄剌西司特剌托斯，可以说这个人物形象是一种广泛流行的生存价值的代表，这是一种为世人所广泛追求的并且被认为是最高的人类生活价值，人们为了争夺财富紧张易怒，像黄蜂一般凶狠毒辣，为人处事阴险狡诈。那么这种人生价值是否具有普遍的恰当性？一个真正关心自己生存意义的人是否应当对之进行一番审察呢？哲人对它又是怎么评价、如何审察的呢？在《柏拉图全集》的另一篇对话《克雷托丰篇》（*Clitophon*，又译为《克勒托丰篇》《克立托封篇》《克利托丰篇》《克利托普丰篇》）中，对话人物克雷托丰痛快淋漓又夹杂些许不满地讲述了苏格拉底对这种民众生存价值的批判："你们要往何处去，众人啊？难道你们不知道你们所奔波忙碌的没有一件是属于必须要做的事吗？你们这些人拼命地把全部激情花在钱财上，想要使它们与你们同在；而对于你们将把这些钱财传给你们的孩子们，你们却丝毫都不关心照顾，以使他们知晓如何恰当正义地使用它们，也不为他们寻找一些教导正义的老师，如果正义真的可教的话——不过，如果正义是可以通过努力获得和通过训练得到的，那么所有人都将全力以赴地去精心训练和辛勤努力了——甚至你们先前从来都没有这样关照过你们自己。"① 在这段引述中，我们可以看出一个显著区别：民众关心财富，哲人关心正义。在哲人看来，民众所奔波忙碌的没有一件是属于必须要做的事，财富不是人的最高生存价值，正义才是人的最高生存价值。

（二）财富与价值

为了弄清人的生存价值到底是什么，我们首先得看清人们所广泛追求的财富的本质。在各种具有不同价值的财富当中人们会作何选择？土地、衣服、毯子和健康，人们愿意选择健康，也就是人们会选择更有价值的东西，那么什么财富是最有价值的呢？诸事成功、万事如意似乎是人们所普遍追求的最高价值，而要达到这一点就必须是最智慧的，因而智慧是最有价值的财富。那么，拥有了智慧是否就必然地会拥有他每天生活所需要的各种东西：食物、饮料、衣物，以及其他这类东西呢？答案显然是肯定的，因为就像拥有豪宅和大量金银的人可

---

① 参见《克雷托丰篇》407b。

以通过交换而很容易地得到生活所需一样，有智慧的人会很容易得到他所需要的东西。问题在于有智慧的人需要不需要大量的这类生活所需呢？有智慧的人需要的是最好的东西，对他们而言，这类生活所需并不是越多越好，因为意志薄弱而拥有财富时往往会做出不正义的事情。那么财富的本质是什么呢？这就要问财产是什么了，财产是一种有用性，它可以对邪恶有用，也可以对正义有用，更重要的是邪恶对正义有用。人们的生存价值当然就是人的至善，那么什么是最好的、有用的财产呢？德性是什么？正义是什么？是合乎神意，还是拥有各种具体的知识，神在哪里，我们与神是什么关系？随着谈论推进，人们思考的问题越来越深入。但是，对于民众的传统价值观却变得越来越清楚了，人们追求财富是为了人的生存价值，但是生存价值的关键在于价值本身而不是外在的财富。如果财富是有用的，那么任何拥有最多钱财的人必定是处于最差状况中的人；如果他并不处于一个非常坏的状况中，那么他将不需要大量的财富，并且他也将不会发现钱财是有用的，处于最佳状况也就是达到人的至善。

（三）严肃的哲学论证与智力游戏之间的差别

哈钦森在其导言中说道，在关于财富的那些论证之中，引伸出了另一个主题，即关于哲学论证之本性的讨论：严肃的哲学论证与智力游戏之间的差别是什么？由此引发了对苏格拉底和志趣相同的哲人们所信奉的生活方式的深思。苏格拉底的一生可以说就是在与人进行哲学探讨中度过的，他外表贫穷但内在富有，哲人通过向其他人传授他们的智慧而支持他们自己，这是一种"增加他们自己和他们遇到的和在生活中得到益处的所有学生们的价值的智慧"。他们的技艺在于他们的各种论证，他们严肃地对待这些论证而不是为了争论，他们信靠这些论证，并且个人亲自献身于它们。

《阿克西奥廓斯篇》

（或"关于死亡"，伦理类的）

　　这是《柏拉图全集》杂篇中 7 篇托名作品的最后一篇，其导言也是由哈钦森所写的。哈钦森首先概述了对话的内容：阿克西奥廓斯已濒临死亡，并且被经验所动摇，尽管他很熟悉曾经使他嘲笑死亡和那些害怕死亡的人们的那些论证。苏格拉底被召唤到他旁边去实施他惯用的各种安慰法，他对于这些安慰法有一个广泛的选择。终于这些安慰法中的某些达到了预期效果，阿克西奥廓斯欢迎死亡的到来，把它当作是他的神圣灵魂去往一个更好的地方的解脱。他重新集中了他的思想，镇定了下来，苏格拉底则继续赶路。从对话的全篇来看，它是探讨人们对死亡的各种不同的看法，是从伦理道德方面对一个临终之人进行指导性的安慰，因而笔者把本篇对话的副标题拟为"或'关于死亡'，伦理类的"。该篇对话与《柏拉图全集》中的另一篇《准冬篇》都是探讨死亡问题的，但是该篇着重于分析人们对于死亡的各种不同态度，而《准冬篇》则着重于探讨灵魂的永恒与否。

　　哈钦森接着从文体上分析该篇对话，认为这篇对话是一个常规的文体"慰问信"的一个非常规版本。[①] 哈钦森说，这种文体的典型例子包括塞涅卡对马尔齐亚的安慰、对泼利比奥斯的安慰和普鲁塔克对他妻子的安慰。普鲁塔克对阿泼尔罗尼奥斯的安慰是安慰论证的一个珍宝，在西塞罗的《图司库兰辩驳》第一和第三部分中，以及其他许多资料中都有对这种文体的呼应和批评，这表明它至少从公元前 3 世纪到异教世界结束被基督教作家改体之前具有连续的流行性。每一个哲学学派都创造了各种安慰论证，尤其是斯多亚派，许多安慰信自由地从所有可能的资源中借用各种论证，不论这些观点是否内部一致。

　　哈钦森从材料的借鉴上分析了对话中苏格拉底所阐述的各种观点的可能出处，可能是作者从后期哲学著作中拿来了各种观点运用于苏格拉底的谈话中。哈钦森说，看到苏格拉底用大量丰富的互不兼容的安慰法鼓励阿克西奥廓斯时并不会使人感到奇怪，他的安慰法包括修辞学的和犬儒主义的常规套路，还有伊壁鸠鲁派的、斯多亚派的和学园派的各种论证。这一文体的一些作者似乎已经更少关心论证是否真实，而是关心它们是否有安慰鼓励作用，"还存在着一些安慰信的作者把所有这些种类的安慰组合在一起，因为一个人被这种类型的安慰感动，而另一个人则被那种类型的安慰感动，他们就像我把它们全都一起抛到我的安慰中一样。因为我的灵魂正处于发高烧之中，我尽力用一切东西去治疗它"（西塞罗《图司库兰辩驳》Ⅲ.76）。对阿克西奥廓斯有效的那些论证是斯多亚派的（370b—d）和学园派的（371a—372a）。"所以不管是在下界还是在上界，阿克西奥廓斯，你都必须保持

―――――――――

　　① ［泰本］语言是通俗的"大众化语言"，充满了非古雅的词语。

良好的精神，如果你已敬虔地生活了的话。"但是犬儒派的长篇大论和常套（366d—369b）似乎效果不大，伊壁鸠鲁派的论证（365d—e 和 369b—370b）在他脑中相当占上风。使《阿克西奥廓斯篇》反常规的东西是：它并不是一封写给某个已经死去了的人的信，而是一篇与某个将要失去自己生命的人的对话，在这种情形中令人苦恼的情感是害怕而不是悲伤。作者很可能是在公元前 100—公元 50 年进行写作的柏拉图主义者，他从早期苏格拉底的作品中借用了各种特点为他的安慰披上了苏格拉底对话的外衣。

接着哈钦森又说道，《阿克西奥廓斯篇》的策略看起来是来源于柏拉图的《申辩篇》，在《申辩篇》中苏格拉底说：死亡要么是意识的永久消失，要么是转移到某一个别的地方。

我们通过哈钦森的表述可以看出，虽然他用了"可能"（probably）一词，但是很显然他是把该篇对话的作者肯定地确定为是公元前 100—公元 50 年进行写作的柏拉图主义者，并且认为作者从早期苏格拉底的作品中借用了各种特点为他的安慰披上了苏格拉底对话的外衣。笔者认为这种肯定地认定该篇对话作者的做法是缺乏证据和说服力的，因为不论是从历史的角度还是从逻辑的角度考虑，都不可避免地还有一种可能，那就是：后期的各种哲学学派的观点，包括修辞学的和犬儒主义的常套，还有伊壁鸠鲁派的、斯多亚派的和学园派的各种论证，它们完全有可能是从苏格拉底的历史材料中发展衍生而来的。

齐厄弗·提姆在其《关于〈阿克西奥廓斯篇〉中前后不一致性的苏格拉底疗法使用》（*Socrates' Therapeutic Use of Inconsistency in the "Axiochus"*）一文中也强调了本篇对话的文体特征。他在文中说道，柏拉图托名对话《阿克西奥廓斯篇》看起来不可救药地混淆不清，它的作者把柏拉图主义的、伊壁鸠鲁派的和犬儒学派的反对死亡恐惧的论证混杂在一起，显然没有考虑它们的连贯一致性。他主张，如果我们关注到它的文体特征——以对话的形式出现的安慰信，我们就不会指责其混乱了。

一　原文翻译及注解

（一）引子：克雷尼雅斯向苏格拉底求助

苏：正当我在去库诺萨耳哥什的路上，并且接近伊利梭什河的时候，我听到有人喊我的声音，"苏格拉底，苏格拉底"。当我转过身来要看一下声音从哪里来时，我看到阿克西奥廓斯的儿子克雷尼雅斯正跑向卡尔利耳洛耶①，与音乐家达蒙和革劳孔的儿子咖耳米德斯一道②，达蒙是克雷尼雅斯的音乐老师，咖耳米德斯和克雷尼雅斯是同伴，且彼此相互爱慕。于是我决定转离主大道，去与他们碰头，想尽可能快地碰到一起。克雷尼雅斯双眼流着眼泪地说，苏格拉底，现在是你展示他们一直说你拥有的智慧的机会了。我的父亲已经不舒服好一阵子了，正濒临他生命的终点，

---

①　[C本]库诺萨耳哥什是雅典城墙外的一个体育场，伊利梭什是一条河，在它的河床中有一个被称作卡尔利耳洛耶的喷泉。

②　[C本]阿克西奥廓斯是著名的阿尔齐庇雅德斯的叔叔，克雷尼雅斯和咖耳米德斯都是有名的漂亮年轻人，分别在《尤叙德莫斯篇》和《咖耳米德斯篇》中作为苏格拉底圈子的成员出现。

他在床上好可怜，^①尽管他过去常常嘲笑恐惧死亡的人们，并且有一点点戏弄他们。因而你来吧，用你惯用的方式鼓励他，这样他就可以毫无抱怨地面对他的命运，我和家里的其他人也将会尽到忠孝了。嗯，克雷尼雅斯你将不会发现我拒绝这样一个合理请求的，而且你所要求的这些事情是为了尽忠孝。我们走吧，如果情形是这样的，那速度就是至关重要的了。

克：只要看到你，苏格拉底，就将使他恢复生机，其实以前他经常设法从这种境况中重新振作起来。

（二）安慰临终者

1. 心理激将法

苏：急匆匆地走向伊拖尼亚城门——他住在与娅玛宗的女战神娅耳忑弥丝神柱相向的城门附近——延伸的城墙旁边的那段路后，我们发现阿克西奥廓斯恢复了理智苏醒过来了，且身体强健，尽管精神疲弱，非常需要安慰，一次又一次地抽泣着、呻吟着、边哭泣边拍打着手。我朝下看着他说，阿克西奥廓斯，所有这一切是怎么了？你先前的自信、对各种男子汉德性的不断称赞，以及你那不可动摇的勇气哪儿去了？你就像是一个软弱的运动员，在训练练习中做出勇敢的表现，却输了实际的比赛。考虑一下你是谁吧——一个如此年长、听从理性的人，并且如果不是别的什么东西，至少也是个雅典人——难道你没有认识到：生命是一种在陌生乡土上的寄居（其实，这是一个常识，每个人嘴上

---

① ［泰本］阿克西奥廓斯患有严重的"痉挛"，因此担心不久于人世。

都会说），并且那些过着一种高尚生活的人应当高高兴兴地去面见他们的命运，几乎是唱着派益赞歌的吗？如此懦弱且不愿与生命分离对于某些年长到足以为他自己着想的人而言是幼稚的、不恰当的。

阿：相当正确，苏格拉底，我想你是对的，然而现在，这样或那样地，我非常接近那可怕的时刻，所有那些强有力的、激动人心的论证全都神秘地失去了它们的力量，我不能严格地接受它们，有某种以各种形式袭击我的心灵的惧怕持续存在着，我害怕将失去这白天的亮光和这些好东西，将躺在某个其他地方，没人看见，被人遗忘，渐渐腐烂，变成蛆虫和野兽。

2. 现实观照法

（1）感觉分析法

苏：在你的困惑中，阿克西奥廓斯，你没有认识感觉，把感觉与无感觉混淆了。你所说的和做的包含着内部的自相矛盾。你没有认识到你正同时被你的感觉丢失所困惑和被你的衰亡、丢失快乐而弄得痛苦。似乎是通过死亡你进入另一个生命，而不是处于那你出生前就存在的完全无感觉。正如在得剌孔或克雷司塞涅斯执政时期根本没有什么不好的东西使你担心，因为那时你并不存在，使得它能让你担心。在你死了之后也不会有任何不好的东西发生在你身上，因为你死后并不存在，使得它能让你担心。

那么，抛开所有这些废话，请牢记这一点：一旦复合物分解，灵魂已被定居在它的恰当地方，留存下来的身体由于是尘世的和非理性的，它就不是人本身了。因为我们每一个人都是一个灵魂，是一个被锁在一个会朽坏的牢狱中的不朽的活物，自然已经制定了这个受苦的帐篷——它的种种快乐是肤浅的、转瞬即逝的，并且混合着诸多痛苦。但是它的各种痛苦是未稀释淡化的、长久存在的，没有任何快乐的成分。当灵魂被迫与感觉器官分担它们的病患、狂热和身体的其他内部疾病——因为它被分布在身体的各个细孔中间——时，它想望着它本土的天国云气，不，是渴望着，向上挣扎，期望在那儿享宴跳舞。因此，被从生命中释放出来是从某种坏东西到某种好东西的转变。

阿：嗯，苏格拉底，如果你认为活着是不好的，那你为什么还活着？尤其是你既然对这些事情绞尽脑汁，比我们中的大多数人更聪明得多。

（2）借用权威法和现身说法

苏：阿克西奥廓斯，你并没有对我做出正确的描述。你就像大多数雅典人那样，认为正因为我是一个探问者，我就也是一些事情的专家。我希望我知道这些平常的事情，我离知道那些非凡的事是多么遥远啊！我的言论不过是智慧的普洛狄科斯的回音，一些花半得腊可眉买来，其他的花两得腊可眉，还有另一些花四得腊可眉，那家伙并没有免费教某人，他总是重复厄辟咖耳莫斯①的话：一只手洗另一只手——给出某些东西才能得到某些东西。不管怎样，就在最近他在希普泼尼科斯的儿子卡尔利雅斯②的家里作了表演，在那里他谴责生命，他如此谴责以至于我差点儿把生命给毁了，从那时起，阿克西奥廓斯，我的灵魂就想去死了。

---

① ［C本］公元前5世纪的喜剧诗人。

② ［C本］卡尔利雅斯是个富有的雅典人，以其对哲人们的赞助而闻名，见《申辩篇》20a，柏拉图的《普若塔高剌斯篇》和克色诺丰（Xenophon）的《会饮》中的事件都是在他的家里发生的。

（3）高位俯视法

阿：他有说什么？

苏：我将告诉你我所记住的：生命中的哪个部分是没有其痛苦成分的？婴儿不是在痛苦中开始他的生命，从他出生的最初时刻就哭哭啼啼的吗？当然地，他不会离开痛苦的场合，饥饿、口渴、寒冷、酷热和剧烈的击打折磨着他。他甚至不会说问题是什么，哭是他表达不舒服的唯一方式。当他 7 岁时，已经经受了大量身体痛苦后，他又遭到暴虐的家庭教师、老师和训练师的攻击，当他年龄长得更大时，又遇到学者、数学家和军事教官，以及所有一大群暴君。当他登记加入了成年人队伍时，那儿有指挥官和殴打的恐惧，然后到来的是吕柯昂、学园和健身导师及他们的鞭打和过度的惩罚，他的整个青春都是在年轻人监管会和最高裁判议会的青年人委员会的监管下度过的。

当他不受所有这些的约束之后，各种焦虑马上来袭击他了，对人生职业的各种考虑向他展示出来，先前的各种烦恼与后来的各种烦恼：军事战斗、伤痛和不断的战斗相比，看起来就像孩童的游戏，婴儿们的假想怪物。

然后老年不知不觉地来到，自然中的每一个可朽坏的和威胁生命的东西都流入老年。除非你快速地像偿还债务那样偿还你的生命，否则自然就像一个放债人一样站在旁边，收取保证金，察看一个人，监听另一个人，经常是既察看又监听，如果你存活下来，你将瘫痪、被肢解、跛瘸。有些人年纪很大时身体还处于健壮时期——他们的老年心灵进入一个第二童年——这就是为什么理解人类处境的众神把生命中的快速释放给予那些他们高度敬重的人的原因。比如建造菩昔娅的阿泼尔隆庙宇的阿伽眉德斯和特洛缶尼奥斯，在为那会发生在他们身上的最好之事祈祷之后睡着了，并且再也没有醒来。还有亚耳高什女祭司的儿子们，他们的母亲同样地为他们向赫拉祈祷以作为对他们的敬虔的报答，因为当那队骡子迟到时，他们把自己绑在车轭上拉她到庙宇去，那天晚上他们的母亲祈祷后，他们就离世逝去了。

要回顾一遍诗人们的作品将花费太长时间，他们在谴责生命本身的同时用神启的声音预言生命中的各种事件，我将仅仅引用他们中的一位，最重要的一位，他说：这就是众神为不幸的凡人纺织生命的方式，我们都生存在不幸中，因为在所有呼吸且爬行于地球之上的生物之中，没有任何地方有比人更凄惨的了。

对于盆菲雅剌奥斯他说了什么呢？和阿泼尔隆一样，持羊皮盾的宙斯心中喜爱他，完全称赞他，他从来没有来到老年的门槛。他吩咐我们，"为新生者唱挽歌吧，他面临着如此大量的痛苦"，对它你是怎么想的？不过我现在要停止了，这样就不会打破我自己的诺言，通过复述其他例子而延长我的发言了。

有人曾经毫无批评指责和毫无不满他自己所选择的追求和行业的吗？我们还有必要讨手艺人和工人们的工作吗？他们从黎明到黄昏一直辛苦劳作，勉强能满足他们的需求，哀叹他们的命运，用悲伤和泪水搅扰所有他们的不眠之夜。我们还有必要谈论商人的工作吗？他们的航行经历如此众多的危险，并且正如毕雅斯所表明的，他们既不在死者中，也不在活人中，陆生的人把他们自己投入海中，就像是两栖似的，完全处在运气的控制之中。嗯，耕作是一个快乐的职业吗？正如他们所说的，它总能找到疼痛的借口，一会儿是干旱，一会儿又是太多雨水，一会儿又是枯萎病，一会儿又是太热或霜冻，使农夫们哭泣。

现在，对于受到高度尊重的政治又怎样？（我正跳过许多例子）它被拖着行经了多少可怕的事情啊，狂热地动摇和振动，有时伴随着欢喜的快乐，有时伴随着痛苦的失败，比一千人死亡还更糟糕。为群众而生活有谁能是快乐的，当他被口哨嘘嘘和严厉斥责时，就像选民们的宠物马，被从办公场所中驱逐出来，嘲笑、处罚、杀害。好了，政治家阿克西奥廓斯先生，米尔提雅德斯是怎么死的？塞米司托克勒斯是怎么死的？厄菲雅尔忒斯是怎么死的？当我拒绝把问题指向人们时，那十个指挥官最近是怎么死的？我不认为由我去领导一群疯狂的乱民是恰当的，然而第二天舍剌枚涅斯和卡尔利克色诺斯买通了会议的领导官员，未经审判就导致了宣告人们有罪。真正地，你和尤律普托乐莫斯是公民大会3万公民中仅有的为他们辩护的人。

阿：那是非常正确的，苏格拉底，从那以来我已有了足够的发言者的平台，我认为没有什么东西比政治更令人厌烦了。对于每一个涉及政治的人这一点是很清楚的。当然你是作为一个遥远的观察者来谈论它，而我们这些亲身经历了的人都是相当清楚地知道它的。选民，我亲爱的苏格拉底，是一种忘恩负义的、善变的、残酷的、恶意的和粗鄙的东西：一群狂暴的傻瓜，被从街上的乱民中拖聚在一起。那使自己与他们相联系在一起的人甚至是令人鄙夷的。

苏：嗯，阿克西奥廓斯，既然你认为所有职业中最具声誉的职业比所有其他职业都更应当受到排斥，那么，我们对生命中其他追求要怎么看呢？我们不应当逃避它们吗？有一次，我也听普洛狄科斯说：死亡既与活着的人无关，又与那些已经去世的人无关。

阿：你是什么意思，苏格拉底？

苏：对活着的人而言，死亡并不存在，而死了的人并不存在。因而死亡与现在的你毫无关系，因为你并没有死，如果某事发生到了你身上，它也与你无关，因为你将不存在了。阿克西奥廓斯，对那既没有也将不会与阿克西奥廓斯相关的东西感到苦恼不安是毫无意义的忧虑，就好像你会对女海妖丝库尔拉或半人半马怪肯陶洛斯感受到苦恼不安一样，它们对你而言，既不现在存在，将来你死后也将不存在。令人害怕的东西为那些存在的人而存在着，它怎么能为那些并不存在的人而存在呢？

阿：你是从现今每个人都在谈论的那些就像所有这些为青少年编构的傻话一样的胡言乱语中拿来了那些聪明的观点。不过死亡还是困扰着我，以至于剥夺了我生命中的各种好处，尽管你列举出比那些观点更具说服力的论证也还是一样，苏格拉底。我的心神并不理解它们，且被那些想象的谈论弄得烦乱不安，它们从一个耳朵进，又从另一个耳朵出。它们带来一系列精彩漂亮的言辞，但它们都没有击中目标，我的痛苦并不会被奇思妙想缓解，它只会被那能下降到我的水平的东西解除。

（4）攻击要害法

苏：那是因为，阿克西奥廓斯，你正把对各种坏事物的感觉与各种好事物的失去混淆在一起，而没有认识它，你忘记了你将会死亡。困扰一个被剥夺了各种好事物的人的东西是使各种好事物被各种坏事物取代了，并不存在的人甚至不能设想各种好事物的失去。一个其处境并不提供对任何令人苦恼之事的意识的人怎么能够感觉到苦恼呢？如果你还没有出发，阿克西奥廓斯，就以

151

某种方式或其他方式无知地假设死人也有某种感觉，那么你就会被死亡惊扰。但是事实上你是在否定反驳你自己，因为你害怕失去你的灵魂，你为这个失去赋予了一个它自己的灵魂，你害怕失去感觉，但是你却认为你将有感觉地把握这个并不是感觉的感觉。

还有许多其他证明灵魂不朽的好论证，但是一个会朽坏的自然物肯定不会拥有如此崇高的造诣，使得它能做到鄙视野生动物的身体优势、穿越海洋、建造城市、建立政府，仰望天空，看星星的运行，日月的轨道，它们的上升和降落，它们食缺并迅速复原，成双的二分时春分、秋分和至点夏至、冬至，普雷亚戴什七星团风暴，夏季风、洪流大雨和龙卷风的狂暴路线，为宇宙状态建立永恒的日历。除非灵魂中真有某种神圣的精灵，赋予灵魂对如此众多的各种主题的理解和洞见。

所以，阿克西奥廓斯，你去世，不是进入死亡，而是进入不朽，你也不会使各种好东西从你那里被取走，而是一个更纯粹的对它们的享受。各种快乐也不会与会朽坏的身体相混杂，而是完全不会被各种痛苦稀释淡化。因为一旦你从这个狱房中被释放出来，你将启程前往远处那边，到一个没有一切斗争、悲伤和衰老的地方，过一种不受任何不好事物烦扰的平静生活，栖息在不受干扰的和平之中，审视自然和实践哲学，不是为了一群观众，而是处在真本的充足与丰富之中。

3. 信仰鼓励法

阿：你的论证使我转到了相反的观点上，我不再对死亡有任何惧怕了——我几乎渴望它了，如果我可以模仿演说家并使用夸张的话。在过去的很长一段时间里，我已经游历了上层领域，我应当完成这个永恒的、神圣的巡游。我最近以来很虚弱，但我已牢牢抓住我自己，成了一个崭新的人了。

苏：那么也许你会喜欢另一个论证，它是由一个佩耳西亚术师勾布律耶斯告诉我的，他说那是他的祖父勾布律耶斯从某些青铜片上学到的，那时克色耳克舌斯正横渡海洋，他的祖父被送到德罗什岛守卫有两个神祇在那儿出生的岛屿圣所，那些青铜片是欧琵丝和贺卡艾耳葛从极北地区的居民那里带来的，论证内容是：灵魂被从身体释放出来后，就去到那看不见的地方，到大地底下的一个居住地。在这里，冥王普路同的宫殿并不次于宙斯的庭院，由于大地占据着宇宙的中心，天穹是球形的，球体的一半属于众天神，另一半则属于大地下方的众神，他们中一些是兄弟，另一些是兄弟们的孩子。在去普路同宫殿路上的各个门有铁柱和铁条保护着，当诸门摆开的时候，亚珂仑河，然后是叩库托什河就接收那些要被渡到米挪斯和剌达曼叙斯那里去的人们，在称作真本之平原的地方，在那里坐着审问每一个到达之人的法官，审问他们已经度过的是什么类型的生活，以及他们居住在他们的身体时所从事的是什么类型的活动，这是不可能撒谎的。

现在那些在其人生中被由一个好神灵感驱的人居住在一个为敬虔之人准备的地方，在那里，慷慨的季节盛产各种水果，清纯之水的喷泉汩汩涌流，各类芳草盛开着众多种类的花，哲人们谈论，诗人们表演，围成环形地跳舞，音乐会、快乐的饮宴和自由供应的盛宴，远离痛苦的纯真自由和丰盛的快乐大餐，没有残酷的严寒或炎热，而是吹来温和的轻风，浸注着柔和的阳光。

那儿有一个为那些加入秘仪的人准备的特定的尊贵之所，他们在那里举行他们的神圣秘仪。你作为众神的亲属为什么不该成为享受这一特权的队列的首人呢？传说告诉我们赫拉克勒斯和狄奥努梭斯，在他们下降到哈德斯领地之前，入到这个世界，并且厄琉西什的德梅忒耳女神为他们提供了旅行远方的勇气。

不过那些在邪恶中浪费了他们生命的人则被复仇女神艾里努丝们带着穿过冥界塔耳塔洛什到达厄瑞博什和咖奥什那里，那里有一个为不敬虔的人准备的地方，亚耳高什王达那奥斯的女儿们不停地取水，坦塔罗斯的口渴，提图奥斯的内脏永远吞噬着和再生着，西绪福斯永不停息的石头，他的辛劳的结束又是一个新的开始。在这里还有被野兽舔干净的人们，不断地被复仇者们放到火上，用各种酷刑折磨，被持久的惩罚耗毁。

这是我从勾布律耶斯那里听来的内容，但是你必须自己做决定，阿克西奥廓斯。我被论证打动，并且我肯定地知道这一点：每个灵魂都是不朽的，而且当它被从这个地方移走时是没有痛苦的。所以不管是上界或下界，阿克西奥廓斯，你都应当快乐，如果你已经敬虔地生活的话。

（三）结尾：安慰成功

阿：我太窘迫难堪以至于不能对你说任何东西了，苏格拉底，我是如此远离恐惧死亡，现在我实际上是热切地渴望它。我深受这个论证以及那个关于天国的论证的影响。现在我鄙视生命，因为我将转移到一个更好的家里去。现在我想静静地独自回顾一下你所说的话，不过正午过后，苏格拉底，请来看望我。

苏：我将按你的请求做，现在我要去库诺萨耳哥什了，我被传唤来这里时正要去那里。

二 《阿克西奥廓斯篇》疏评

虽然该篇对话并不具有什么重要的哲学意义，但是它所涉及的主题却可以说是最重大的，而且它对于我们如何看待哲学与信仰、哲人与民众之间的关系还是有一定启发意义的。

（一）哲学与死亡

我们知道，哲学源于西方，源于古希腊。哲学的古希腊语单词的字面意思是爱智慧，因而哲学是一门系统地探索智慧的科学，具有智慧的人一般被称作哲人。在柏拉图对话中，苏格拉底是哲人的代表和化身，因而在常人的眼中他也是智慧的化身。在该篇对话的开篇，克雷尼雅斯对苏格拉底说，"现在是你展示他们一直说你拥有的智慧的机会了"。可见哲人的智慧是与生活紧密相连的，并不是一种脱离了生活的形而上学。而且，更为重要的是，哲学最为关心人生最重大的问题，即死亡问题。讲授具体知识的文艺老师达蒙显然在这个问题上无能为力，所以他以及他的另一个学生咖耳米德斯也跟随着克雷尼雅斯匆匆赶去寻找苏格拉底。苏格拉底在《淮冬篇》中明确地表述过，哲学是一门追求死亡的学问，从而我们也可以说，哲学是一门教人看破、看透死亡的学问，古希腊人之所以把爱智慧的科学称作哲学，或许在于人类最大的智慧就是要看透生死。

（二）哲学与信仰

在该篇对话中，苏格拉底的安慰法既使用了哲学论证，也使用了信仰鼓励，并且，信仰鼓励法所起的作用显得似乎更为重要。但是，正如笔者在最后一节的注解中所谈到的，信仰鼓励法也有可能并未完全彻底地除去阿克西奥廓斯心头对死亡的恐惧。在《柏拉图全集》的《尤叙弗仑篇》中，柏拉图为我们呈现了一个刚开始时信誓旦旦地自以为是敬虔的信仰者，经过苏格拉底的一番审问验证后，他却放弃了原先的主张。因而，我们或许可以说，只有经过了严格的哲学论证后确立起来的信仰才能是真正的信仰，或者说，哲学的目的是为了确立起人们的真正信仰。

（三）哲学与民众

在该篇对话的开头，我们看到，苏格拉底与他的对话者们相当熟悉，并且他与认识他的人们都保持着一种较为随和的关系。苏格拉底与他们辩论谈话，解决他们的一些困惑，引导他们看清事情的真相。在遇到不适宜进行具有说服力的论证、想象的谈论和一系列精彩漂亮的言辞、奇思妙想时，他会下降到民众的水平进行具有实际效果的谈话。在《柏拉图全集》的另一篇对话《克雷托丰篇》中，苏格拉底甚至能做到保持沉默地容忍克雷托丰对他的滔滔不绝的批评。因而，我们似乎可以推论说，真正的哲人对民众保持着一种最为宽大的包容，他们绝不会鄙夷、拒绝、放弃任何普通民众。

第三辑

箴言集

《箴言集》

这是《柏拉图杂篇》的第三辑，在库珀和哈钦森编的英文译本《柏拉图全集》中只收录了 18 首，笔者根据所搜集到的古希腊文原典文本，在此 18 首之外，还多收录了 15 首，也就是说，笔者所汇编的这篇《箴言集》共有 33 条箴言①，其中第 11 首与第 12 首句意相同，第 23 首包含了第 24 首的内容，因而，本辑《箴言集》实际上收录的是 31 首诗体文。对于各首的编排次序，笔者也是遵照原典文本的原有排序，为了读者方便查找英译，笔者在与库珀英译本相同的那 18 首诗体文前头也标出了它们在英译本中的序号。在库珀英译本所收录的柏拉图杂卷作品的导言中，唯独这一集的导言是由库珀撰写的。

库珀首先介绍了柏拉图早期对悲剧和颂歌的喜爱，为我们指出了柏拉图作为诗人的一个面相。他写道，在苏格拉底吸引他进入哲学之前——一种古代传统就是这样流传的——柏拉图有一段时间很热衷于当一名悲剧和颂歌（古希腊酒神节唱的赞美酒神的合唱歌）的作者。如果这是事实的话，却没有一丁点儿他这类文

---

① ［泰本］柏拉图写的讽刺短诗。

体的作品保存下来。不过，即便除了他的有时非常诗意的散文，比如《斐德罗篇》中苏格拉底的第二篇讲词，我们的确也拥有作为一名诗人的柏拉图作品的证据。有一些归名于他的"箴言"，即适用于葬礼纪念文的献词或其他各种用途的献词的诗体文，在一部或者说是共两部可追溯到中世纪时期的希腊诗体文选集中得以保存下来了，它们是《帕拉提涅》和《普拉努德安》选集。库珀说，他们编订的《柏拉图全集》所收录的《箴言集》采用的是 J. M. 厄德蒙兹的版本，这个版本从这些资料中刊印了 17 首诗体文，另外他们还收录了公元 6 世纪新柏拉图主义哲学家奥轮辟奥哆洛斯引用为柏拉图所做的第 18 首赞扬喜剧作家阿里司托法涅斯的诗体文，托马斯教士在他的《阿里司托法涅斯生平》中也这样引用。

　　接着，库珀对他们所收录的 18 首诗体文进行了介绍，前面 10 首①还在第欧根尼·拉尔修的柏拉图生平中被引用为柏拉图的作品，第 18 首也被一个或更多其他古代作家多次以归于柏拉图名下的诗作来引用。它们全都是挽歌对句的形式（一种扬抑抑或长短短格的六韵步诗句，这是荷马史诗的韵律，再跟着一个扬抑抑的五韵步的诗句），几乎每一首都是一个单一的对句，但是第 4、5、7、11 和 13 首是两个对句，第 3 首由 3 个对句构成。开头两首是写给一个年轻人的，似乎是一个天文学的学生，名叫阿司忒耳，或者也许仅仅是被他的崇拜者这样亲昵地称呼，它是"星星"的希腊语单词。第欧根尼·拉尔修报道说第 3 首其实是刻在绪腊科西亚受题词者的墓碑上的，受题词者是柏拉图在绪腊

---

　　① 这里所说的是库珀英译本中的排序，而非笔者下文所录原典文本的排序。

科西亚政治活动中的朋友和伙伴狄温，他在众多的柏拉图书信中是如此的突出。对于这些诗文中的第 4 首而言，选集也把它归属于柏拉图以外的其他作者，而且对于其他几首而言，柏拉图是否是作者也受到了合理的怀疑。看到柏拉图在第 4 首和第 6 首诗文中用情爱的词语把阿伽松和斐德罗说成是彼此爱慕的青年是很奇特的，这两个人是在柏拉图涉及情爱的对话中作为对话角色出现的历史人物，但是他们比柏拉图年长两个年代。有个人注解说，第 8 首的爱恋对象克珊昔普沛拥有与苏格拉底的妻子相同的名字。不过，看起来似乎没有理由怀疑这些诗文中的某些，首先是第 3 首，或许还有其他的，尤其包括第 1 首、第 2 首和第 7 首，其实就是由柏拉图所作。

一　原文翻译及注解

1（库 6）. 我亲吻阿伽松时，灵魂就跃上嘴唇，宛如可怜的家伙疾步奔向他。

2（库 7）. 我把苹果抛给你，如果你心甘情愿地爱我，就收下它，并同我分享你的处女之身。即便你不想这样，还是抓住这个苹果吧，思忖青春的短暂。

3（库 8）. 我是一颗苹果，一个爱你的人把我抛给你。请答应吧，克珊西帕，因为你我都会朽去！

4（库 1）. 你凝望着众星，我的阿斯忒耳啊，我多么希望我是天空，那样的话我就可以用千万双眼睛看着你！

5（库 2）. 以前，启明星，你曾在生者中闪闪发光；现在，正消逝的长庚星，你在逝者中闪闪发光。

6（库3）．贺卡柏和伊利昂妇女们一出生，命运女神就把眼泪分配给她们。但通过你，狄翁，成功地践行高贵的行为后，诸神就布满了广阔的希望。你躺在故乡宽大的怀中，受同胞们尊荣，你让我的心疯狂，心爱的狄翁哦。

7（库4）．现在，阿勒克西斯已不复往昔，我只能说：他很俊美，所到之处万众侧目。我的心肝哟，为何把骨头露给狗看？此后，你会为此苦恼的；我们不正是这样失去斐德若的吗？①

8（库5）．我有个情伴，科罗丰的阿尔克阿娜萨，她的皱纹里充满热烈的爱欲。可怜的家伙噢，你们首航就遇到这个尤物，定会由此燃起熊熊欲火。

9（库9）．我们是尤博伊亚的厄瑞特里亚人，但我们却躺在苏萨附近，唉，离家乡多远啊！

10（库13）．我们离开了爱琴海怒吼的波涛，躺在厄克巴塔纳平原中间。再见了，闻名遐迩的厄瑞特里亚，我们的祖邦。再见了，雅典，优波亚的邻居。再见了，心爱的大海。

11、12（库10）．有人发现金子后，留下了套索。但主人发现金子一无所剩后，就拴在了他发现的那根套索上。

13．库普里斯对缪斯们说，"少女们，尊荣阿佛洛狄忒吧，或接受我为你们准备的爱若斯"。缪斯们回答库普里斯，"这些闲

---

① ［泰本］如果第1首（本书的第1首）和第8首（本书的第7首）确属柏拉图所作，这两首至少可以证实柏拉图曾有过"色情的"气质。根据我自己的意见，阿加松和斐德罗这两个名字的出现，是伪造的证明。这位作者显然想到诗人阿加松（阿伽松）和米林努斯（Myrrhinus）的斐德罗在柏拉图的极重要的关于"爱情的谈论"的《会饮篇》里所扮演的角色，但是，忘记了他们二人在柏拉图还不满12岁时都是成年人了。要不是没有其余多数短诗必须是柏拉图的诗的特殊理由，我看不出它们不应该是柏拉图的诗。

言对战神说吧，这个小男孩不会飞到我们这里"。

14（库18）．美惠女神们为她们自己寻找一座不会倒塌的圣坛——找到了阿里斯托芬的灵魂。

15（库11）．莱斯如此高傲地嘲笑希腊人，并曾有一群年轻的情侣簇拥在她门前，她把一面镜子献给帕福斯［的阿佛洛狄忒］，因为她不想看到现在的自己——她也无法看到过去的自己。

16（库16）．有些人说有九个缪斯女神，他们不该这么想。看看勒斯博斯的萨福吧，她是第十个。

17（库12）．外邦人喜欢这个人，同胞们也喜爱——品达哟，悦耳动听的缪斯们的仆人。

18．［从前］有一块碧玉石有五只牛的小影像，就像所有活生生被牧养大了的牛一样，这些小牛们甚至迅速地逃走了。但是现在，有一小群牛却被控制在黄金的牛栏中。

19．一只巧手仅仅用向石头神奇地扇风，就巧妙地创造了酒神的萨图尔（羊人）。我则是水泽女仙们的一个玩伴。但是，我斟倒的却是甘美可口的清水，而不是前者汹涌翻滚的酒。不过，它引领了负重的脚足无所忧虑地照直前进，请你不要立刻惊醒迷醉少年温柔的沉睡。

20．我是有着美丽犄角的狄奥尼索斯的至爱侍从，我斟倒的却是水泽女仙们用银杯装的清水，我在诱迷安静的少年沉睡……

21．狄奥多洛斯使萨图洛斯入睡了，没有雕琢他。如果你刺凿了他，你就会弄醒他，白银有睡眠。

22．某个行路人立了个誓愿：用铜塑造水泽女仙们的那个侍从、喜雨的水中歌手——那在轻盈［流淌］的溪流旁欢愉的青蛙——从而解除炎热造成的可恨至极的干渴。因为它用双栖的嘴巴在流淌着清泉的深谷外适时地鸣唱，从而向迷路的人指示了水源。但是，行路人发现了甜蜜的饮料——他们所渴望切盼的溪流——后，并没有留下作［它们］向导的声音。

23. 帕福斯的阿佛洛狄忒穿越波涛汹涌的大海来到科尼多，想去看看自己的样子，却在一个地方看到她的全裸［雕像］，她大叫道，"普剌克西特勒斯在哪里见过我的裸体？"普剌克西特勒斯没有见过，因为传统法规不允许。但坚硬锋利的铁具，正如阿列斯所愿，雕刻了这个帕福斯的阿佛洛狄忒。

24（库17）. 当阿佛洛狄忒在科尼多见到库普里斯时说，"哎呦呦！普剌克西特勒斯在哪里见过我的裸体？"

25. 既不是普剌克西特勒斯，也不是铁具创造了你，你如此设立，是过去如此选择的。

26. 请树木女仙们灌木丛生的悬崖峭壁不要作声吧——从壁岩中流出的她们的溪流声和刚出生的动物幼仔们混杂的哭鸣声——当山川水泽之潘神亲自用声音优美的排箫吹奏，从成双结对的杆状植物的嘴唇上方发出流畅［的旋律］时，周围的女仙们都被激发了起来，用强健的脚足跳起了舞蹈，有水泽女仙们、树木女仙们。

27. 请你在这棵在强烈的西风下颤鸣发声的高耸的松树旁边坐下吧，在我们喷溅着［泡沫］的水流旁边，一支帕安排箫将从孔眼中向被诱迷的你流淌出沉迷与陶醉。

28（库14）. 我是一座船长的坟墓，与我相对的是一个农夫的坟墓，地下和海底下是相同的死亡之所。

29. 你已经看我遭遇船难了，造成死难的海洋因敬畏而耻于剥光我最下面的布块；而人则为了碎布块这么大的利益而祈祷，用无所畏惧的手掌剥夺了我的衣物。他会披戴上它，载着它进入冥府，而且米挪斯会看见他披着我的破布块。

30（库 15）. 航行者们，祝你们平安，在海上和陆上。但你们要知道，你们正经过一个遭遇海难者的坟墓。

31. 永恒承载着万有，长远的时间知道如何改变名称、形状、自然和运气。

32. 他们在路上栽种了我这棵榛子树——来往孩子们投掷石头的打靶游戏的玩物，我所有的枝条和茂盛的枝丫全都被投掷的密集石头打裂折断。盛产果实的果树颗粒无收，我毫无疑问是不幸的，我的肆心结出了恶果。

33. 我们抵达幽暗的圣地时，我们在里面发现了看起来像紫红色苹果的库忒蕾娅的儿子，他没有背着盛箭的箭囊，没有背着弯弓。但是，美丽的叶子从茂盛的树上悬挂下来，他自己则被包围在玫瑰花的花苞丛中，微笑着躺着睡觉，上方飞来的嗡嗡作响的蜜蜂们在里面建造蜂房，在他甜蜜的双唇上爬行着。

二　《箴言集》疏评

（一）哲学与诗

根据库珀所撰写的导言介绍，柏拉图在苏格拉底吸引他进入哲学之前有一段时间很热衷于当一名悲剧和颂歌（古希腊酒神节唱的赞美酒神的合唱歌）的作者，从而为我们指出了柏拉图作为诗人的一个面相。库珀把柏拉图非常诗意的散文，比如《斐德罗篇》中苏格拉底的第二篇讲词看作是柏拉图作为一名诗人的表征，而且他很肯定地把在一部或者说是共两部可追溯到中世纪时期的希腊诗体文选集——"帕拉提涅"和"普拉努德安"选集——中得以保存下来一些归名于他的"箴言"，即适用于葬礼纪念文的献词或其他各种用途的献词的诗体文，看作是柏拉图作为一名诗人的证据。库珀还指出，他们所收录的 18 首诗体的前面 10 首还在第欧根尼·拉尔修的柏拉图生平中被引用为柏拉图的作品，第 18 首也被一个或更多其他古代作家多次以归于柏拉图名下的诗作来引用。库珀认为，看起来似乎没有理由怀疑他们所编造的那些诗文中的某些，首先是第 3 首，或许还有其他的，尤其包括第 1 首、第 2 首和第 7 首，其实就是由柏拉图所作。

历史上，这些箴言往往被当作柏拉图本人的作品。柏拉图的"形象"于是也就有了如此感性或者感人的一面。

笔者认为，很重要的一点是：哲人为什么不可以是诗人？他们缺乏写诗的智慧、技巧、兴趣吗？如果说哲学是一门追求最高智慧的学问，那么哲人怎么会缺乏写诗的智慧呢？

还有就是，哲学与诗有什么异同之处？或许我们可以说，哲学注重于严格的逻辑论证，是要通过一步一步合乎理性的推理把真理展现出来，但是由于人的理智能力的欠缺，往往无法在理性的世界中确切地把握真理。而诗则不同，它是通过对具体意象的描绘，把人的理性思维引向抽象的真理，从而使得人们能够更好地把握真理。虽然哲学和诗所用的手段不同，但是它们都是要把人们引向对真理的认识。在柏拉图对话中有很多对冥界、天国的生动描写，可以说它们就是诗。

（二）作为箴言的诗体文

通过对所收录的 33 首诗体文的阅读，我们看到，它们通过言简意赅的笔墨，向人们传达出种种具有警醒作用的深刻道理，从而使它们得以广泛流传（所以，"警句集"也可以是这批箴言的一个翻译标题）。比如，要行善好之事必须做好迎接痛苦的准备（第 1 首）；人生短暂，要懂得珍惜美好的东西（第 2、3 首）；不要被传统的价值观束缚（第 11、18 首）；要懂得感恩（第 22 首）；等等。

第 四 辑

悲剧残句集

| 《悲剧残句集》 |

　　这是《柏拉图杂篇》中的第四辑，也可以说是《柏拉图全集》的最后一部分文稿，其内容只有 3 个残句。这一辑残句文本的内容在库珀主编的《柏拉图全集》和洛布丛书《柏拉图》，以及几乎所有的汉译柏拉图作品中都未收录。笔者依据 "Silver Mountain Software，*TLG*（*Thesaurus Linguae Graecae*）*Workplace*" 中的希腊语原文，加以整理编译而成，拉丁文称为 Fragmenta tragica（悲剧残句）。从文本语句上看，这 3 个残句显得有些主谓结构不完全，是些残句片语，但是它们所传达出来的意思还是相对比较清晰的。

一　文本译文及注解

1. 眼睛被［高傲的］眉毛遮蔽。
2. 毒蜘蛛药草是引起腐烂的。
3. 骨髓是长骨的［好食物］。

二 文本疏评

（一）关于"悲剧"

"悲剧"源于古希腊，由酒神节祭祷仪式中的酒神颂歌演变而来。悲剧的原词由公山羊和歌手（说唱人、歌唱者、游吟诗人）构成，意思是悲剧（英雄剧；泛指严肃的诗作）。不过从字面上看，它的意思是"山羊之歌"，因为悲剧演员或歌队队员穿山羊皮，或因为悲剧竞赛的胜利者获得一头山羊作为奖品而得名。[①]悲剧主要是以剧中主人公与现实之间不可调和的冲突及其悲惨的结局，构成基本内容的作品。它的主人公大都是人们理想、愿望的代表者，以悲惨的结局来揭示生活中的矛盾冲突，用鲁迅的话说，悲剧即将人生有价值的东西毁灭给人看，从而激起观众的悲愤及崇敬，达到提高思想情操的目的。在悲剧中，主人公不可避免地遭受挫折，受尽磨难，甚至失败丧命，但其合理的意愿、动机、理想、激情预示着胜利、成功的到来。悲剧撼人心魄的力量来自悲剧主人公人格的深化。悲剧最能表现矛盾斗争的内在生命运动，从有限的个人窥见那无限的光辉的宇宙苍穹，以个人渺小之力体现出人类无坚不摧的伟大。

---

① 罗念生、水建馥：《古希腊语汉语词典》，商务印书馆 2004 年版，第895 页。

（二）悲剧、喜剧与悲喜剧

我们知道，《会饮篇》的结尾处提到了苏格拉底与阿伽松、阿里司托法涅斯关于悲剧的争论，其要旨是：苏格拉底迫使他们承认，同一个人既能写喜剧也能写悲剧，也就是说，悲剧诗人也可以是喜剧诗人。[①]结合本辑的《悲剧残句集》，我们可以试着对苏格拉底的观点进行一番比较阅读。

第一句，眼睛被［高傲的］眉毛遮蔽。一般而言，人们往往都是高度地张扬自我、彰显个性。在大局形势所迫的情况下一般会出现两种情况：我们要么是服从大局地自觉舍弃自我，"悲悯地"做出自我牺牲；要么是顽强抵抗地维护自我，最终小小的自我极其"悲惨地"被更为强大的力量消灭。

第二句，毒蜘蛛药草是引起腐烂的。当人们被毒蜘蛛咬伤时，也同样会出现两种情况：我们要么是"悲伤地"勇敢忍受药草引起腐烂所带来的疼痛，最终使毒伤去除，得到康复；要么是害怕药草引起腐烂，造成疼痛，从而"悲哀地"拒绝使用药草，最终导致更为严重的后果。

第三句，骨髓是长骨的［好食物］。在面对某些特殊病人急需食用骨髓以保存生命，或者说需要移植骨髓才能保存生命时，也会有两种情况：我们要么是"慈悲地"无私捐献骨髓，救死扶伤，治病救人；要么是"悲叹地"袖手旁边，或无动于忠，麻木不仁。

---

① 参见《会饮篇》223d。

第一种情况可以说是悲剧与喜剧的交融，先是悲剧，紧接着就是喜剧，它是悲喜剧，而第二种情况，就是纯然的悲剧。我们或许可以设想，苏格拉底所说的"同一个人既能写喜剧也能写悲剧，也就是说，悲剧诗人也可以是喜剧诗人"就是指第一种情形吧。

结　语

在终于完成研究、翻译和注疏柏拉图的杂篇之后，我想最后做一些概括和总结。众所周知，古希腊—罗马是西方思想文化的源头。古希腊以其哲学传世著称，柏拉图和老师苏格拉底，学生亚里士多德并称为古希腊三大哲学家。柏拉图（约公元前427—前347年）是古希腊伟大的哲学家，也是全部西方哲学乃至整个西方文化最伟大的哲学家和思想家之一。

公元前1世纪，古罗马的著名政治家、演说家、雄辩家、法学家和哲学家西塞罗（Marcus Tullius Cicero，公元前106—前43年）是第一个将古希腊哲学术语译成拉丁文的人，对后来哲学的发展和现在的哲学术语都有极大影响。他曾经说过："宁可跟随柏拉图犯错，也不与那伙人一起正确（Errare, mehecule, malo cum Platone, qaumcum istis vera sentire）。"① 近代著名的哲学家黑格尔在其《哲学史讲演录》第2卷中则写道："哲学之发展成为科学，确切点说，是从苏格拉底的观点进展到科学的观点。哲学之作为科学是从柏拉图开始而由亚里士多德完成的。他

---

① 刘小枫、陈少明：《康德与启蒙》，华夏出版社2004年版，"扉页"。

们比起所有别的哲学家来，应该可以叫做人类的导师。"① 英国现代哲学家怀特海的名言更为绝对："欧洲哲学传统最可信赖的一般特征在于，它是由对柏拉图的一系列注脚构成的。"② 而以批评柏拉图著称的现代英国哲学家波普尔也说道："柏拉图著作的影响，不论是好是坏，总是无法估计的。人们可以说西方的思想或者是柏拉图的，或者是反柏拉图的，可是在任何时候都不是非柏拉图的。"③

如此众多的哲人们对古希腊哲学家柏拉图有如此高的评价，促使笔者选择了古希腊哲学，选择了柏拉图，笔者认为"如何选择比选择谁更为重要"。另外，笔者的选择也有一些现实的原因。首先，从获取作品文本的角度来说，苏格拉底以前的哲学家留下的只是一些残篇，而苏格拉底自己没有写过什么著作，他的思想活动，主要只能从柏拉图的对话中才能窥见。与此不同的是，柏拉图的哲学对话则是最早由哲学家亲自写定的完整的著作，为我们贴切地走近柏拉图的哲学思想提供了可能。在汉译柏拉图作品方面，严群、陈康、王太庆、朱光潜等老一代学者开始了这项事业，近些年来，由王晓朝先生翻译的《柏拉图全集》出版问世，由刘小枫、甘阳主编的《柏拉图注疏集》的陆续出版，掀起了"全集翻译"的高潮；众多不同版本的单篇柏拉图对话译本、注疏本的出版，则又从新的角度提供了进入柏拉图思想世界的可能

---

① 黑格尔：《哲学史讲演录》第 2 卷，贺麟、王太庆译，商务印书馆 1960 年版，第 151 页。

② 怀特海：《过程与实在》，杨富斌译，中国城市出版社 2003 年版，第 70 页。

③ 《国际社会科学百科全书》中波普尔撰写的"柏拉图"条目，第 12 卷，第 163 页。转引自汪子嵩等《希腊哲学史》第一卷，人民出版社 1993 年版，第 596 页。

入径。

1. 为什么是"杂篇研究"

事实上，笔者对柏拉图的研究最早曾打算选择《淮冬篇》（*Phaedo*，又译为《斐多篇》《菲多篇》《裴洞篇》《费多篇》《斐多篇》）作为研究对象的，因为这篇对话记述了苏格拉底的"真正从事哲学的人一心追求死亡和处于死亡状态"（64a）的哲学观以及他为此所做的辩护，并向我们描述了他是怎样践行这一哲学观的，"他是那么毫无恐惧地、那么崇高凛然地结束生命"（58e）。所以，无论是从理论信服力来看，还是从形象感染力来看，在现有的柏拉图的对话中，《淮冬篇》无疑都是走进柏拉图的精神世界的最佳道路，从而就为我们过上苏格拉底式的纯精神生活提供了极大的可能性。在笔者看来，苏格拉底的哲学生活最具有解答最深奥的哲学问题的可能，即我们应当如何活着。①"在西方文化中，论影响的深远，几乎没有另一本著作能与《斐多》相比。因信念而选择死亡，历史上这是第一宗。"②"柏拉图的《会饮》③谋篇精妙、文体隽永、意蕴深远，与此相当的惟有《斐多》和《斐德若》——'若要领略柏拉图对话文笔的优美，就得从《会饮》、《斐多》和《斐德若》中摘引许多篇幅，这三部是柏拉图作品中最美的'。"④

但是当进入具体研究工作后，笔者发现了翻译和思想理解上

---

① 余纪元：《〈理想国〉讲演录》，中国人民大学出版社 2009 年版，第 18 页。

② 柏拉图：《斐多》，杨绛译，中国国际广播出版社 2006 年版，"序言"，第 1 页。

③ 笔者译为《会饮篇》。

④ 参见《柏拉图的〈会饮〉》，刘小枫等译，华夏出版社 2003 年版，"译者弁言"，第 1 页。

的重重困难，特别是对该文本的一些细节的把握和对其深刻而严密的逻辑论证的理解感到极其吃力，最终只能放弃。笔者深刻地意识到自己在研究的次第上犯了严重的错误。看来，有时候直路并不一定是最短的路，弯路并不一定就是最长的路。经过慎重考虑，笔者最终还是选择了相对较为容易进入的"杂篇"，并且在翻译、研读的过程中发现能基本把握和完成任务。更为重要的是，迄今为止，柏拉图的杂篇著作还没有汉译本和专门的研究性著作，这对于汉语学界研究柏拉图哲学来说无疑是一大缺憾。于是，笔者就拟定了这个适合自己进行并且具有填补空白作用的题目，首先是对"柏拉图杂篇"进行研究性翻译。

2. "杂篇" vs. "伪篇"

柏拉图哲学文本的研究与《圣经》文本研究类似，存在着一个所谓的"伪经问题"。

我们知道，在基督教中，天主教旧约当中的《巴鲁可书》（又译为《巴路克书》《巴录书》）、《萨娄蒙智训》（又译为《智训篇》）、《西剌可智训》（又译为《德训篇》）等 7 卷经文，以及《达尼耶尔书》和《艾思舍耳记》的补记①，这 15 卷左右的经文在今日新教圣经中，已经被排除出去了。多年来，围绕这几卷经文的地位问题，不同派别的基督徒们不知打了多少嘴仗，却并没有争出个所以然来。一些正统的基督徒把它们看作伪经，对之严厉排斥。由于它们的正典地位存在着争议，人们一般把它们称作"旁经"（Apocrypha，又称"次经""后典"或"外典"，指存在于希腊文七十士译本但不存在于希伯来文《圣经》的经卷）。次

---

① 《三青年颂歌》和《艾思舍耳补记》。

经不同于伪经，伪经的内容被认为是否定基督的救恩，或与圣经教义相违背，或令基督教信仰动摇；而次经只是不被普遍地纳为正典的著作。

同样地，对于柏拉图的著作，人们也存有一种挥之不去的"去伪求真"情结。当读者朋友们看到"柏拉图杂篇研究"中的"杂篇"这个词时，或许马上就会想到"伪篇"。其实，"杂篇"不同于"伪篇"。首先，《柏拉图杂篇》中有柏拉图的"真作"，因为《定义集》中的有些定义是直接出自柏拉图对话的；此外，正如库珀在其评论中所说的，《箴言集》中的某些诗文看起来似乎没有理由被怀疑就是由柏拉图所做的，笔者倾向于把《箴言集》中的某些诗文和《悲剧残句集》看成是柏拉图以诗人面相出现时的诗性作品。其次，更重要的是，杂篇中有柏拉图的"真元素"，这体现在《定义集》所体现出来的一种系统的定义方法，即运用归纳和分析的方法，还体现在《托名作品集》中的对话主题（"死亡"）、助产术运用、细腻的逻辑结构（《厄律克西雅斯篇》）、对立统一思想等诸多方面。最后，"杂篇"的强调重点是"杂"，即在体裁上的多样性，《柏拉图杂篇》与《柏拉图对话录》不同，杂篇中不仅有对话，还有以词条的形式出现的定义，还有以格言箴言的形式出现的诗句；"伪篇"强调的则是真作与伪作，它的关心重点在于是否出自柏拉图本人之手。

3."托名作品" vs. "伪篇"

对于杂篇的第二部分《托名作品集》，读者可能还会存有"伪篇"的想法。其实，"托名作品"也不同于"伪篇"。

"托名作品"所力求的是"真精神"，7篇托名作品虽然几乎可以肯定不是出自柏拉图之手，只是在场景、人物和论证结

179

构等方面使用了柏拉图对话的形式，尤其是在《爱马者篇》中，柏拉图《枚侬篇》的段落都再度出现，基本保持不变，作者并不想隐藏自己从《枚侬篇》中借鉴的事实。相反地，他从《枚侬篇》以及其他著名的柏拉图对话中借用论题和段落，不妨被视为一种对它们的引用方式，从权威资料中为他的论点取得支持。可以说，托名作品是利用其"伪形式"传达真正的"柏拉图精神"或"苏格拉底精神"，对读者起到不同的治疗作用。所以，托名作品虽然在思想层次上可能会与柏拉图真作有差别，但是仍旧具有一定的阅读价值，甚至也有可能会成为某些读者们的意外珍宝。① 而"伪作"所力求的则是"真形式"，它们剽窃柏拉图对话的形式，却与柏拉图对话"貌合神离"，它们不仅没有什么阅读价值，甚至可能会玷污人的灵魂。

4. "柏拉图杂篇"的意义

最后，人们可能会问，许多被视为柏拉图"伪作"的对话录都不值得翻译和研究，更何况柏拉图杂篇？更有人认为只要一篇《理想国》就足以概括柏拉图了，其他柏拉图对话都可以付之一炬。然而，我们无法苟同这样的极端思想。笔者认为，人有不同的根性。对于悟性高的人，一篇甚至一段、一两句话就足够了；对于悟性一般的大多数人而言，循序渐进还是必须的。选择相对容易理解的杂篇作为进入柏拉图哲学的入口，便不失为一种容易操作的入门方法。

具体就柏拉图杂篇著作而言，从文体形式、题材内容和逻辑论证等诸多方面看，它们都具有相当的理论和实践意义。让

---

① 在基督教神学传统中，著名的托名狄奥尼修斯作品《神秘神学》（有香港道风和商务印书馆两个汉译本）就有很高的灵性和学术价值。

我们对其内容稍加考察：第一辑《定义集》是一个包含约 185 个哲学上很重要的词条的小词典，同时还涉及了哲学的分支、哲学治疗等重要问题；第二辑《托名作品集》探讨了众多的人生重大主题，比如正义问题中的不正义者不正义是否是自愿的、德性是否可教、常识观念是否具有绝对的真实性、谏议与自知无知的探索有何区别、人类理智之上是否存在着更大的宇宙理性、财富是否是最大的人生价值、人类应当如何面对死亡等；第三辑《箴言集》在人类的道德实践上发人深省、直指人心；第四辑《悲剧残句集》在思想上具有深刻的悲剧性张力，体现出浓浓的救赎意蕴。

由此可见，柏拉图杂篇是一个丰富的、相对独立的天地，里面有许多值得探讨的内容。在此我们不妨这么说，对杂篇的研究的意义与柏拉图在人们心目中的意义密切相关，因为本书有意义与否取决于与之相关的柏拉图有意义与否。笔者相信真正喜欢柏拉图的读者，也一会喜欢柏拉图的任何东西，包括杂篇。毕竟"爱屋及乌"。

总的来说，笔者的设想是这部柏拉图学派的著作可以当作进入柏拉图哲学堂奥的一个入口和通道，同时，也可以为深入研究者提供一个可资参考的辅助手段。正是本着这样的考虑，笔者不愿意妄加评论任何古代文本的真伪和重要性，只愿意老老实实、切实翻译和注疏柏拉图的"杂篇"内容。不断通过各种途径靠近柏拉图的日冕，笔者也希望将来能怀着更大的信心去直接面对柏拉图的主要对话，面对柏拉图本人以及他的深邃思想之太阳本身。[1]

---

① 有关太阳比喻，可参看柏拉图《理想国》相关部分内容。

译名对照表

A

Academy，学园

Acheron，亚珂伦

Aegean ，爱琴海

Aeolus，埃奥罗斯（风神）

Agamedes，阿伽枚德斯

Agathon，阿伽松

Alcebiades，《阿尔齐庇雅德斯前篇》

Alexis，阿勒克西斯

Algive，亚尔高什

Amazon，娅玛宗

Amphiaraus，益菲雅奥斯

Ahthen，雅典

Antisthenes，安提司塞涅斯

Aphrodite，阿佛洛狄忒

Apollonius，阿泼尔尼奥斯

Arcesilaus，阿尔刻西拉奥斯

Archeanassa，阿尔克阿娜萨

Archilochus，阿耳契罗廓斯

Aristophanes，阿里斯托法涅斯

Aristotle ，亚里士多德

Aristides，阿里斯汰德斯

Axiochus，阿克西奥斯

C

Callias，卡尔利亚斯

Callirhoe，卡尔利耳洛耶

Callistratus，卡尔利特剌托尼科斯

Callixenus，卡尔利克诺斯

Carthaginians，卡耳轲顿人

Centaur，肯陶洛斯（半人半马怪）

Ceos，刻欧什

Chaerephon，凯若丰

Charmides，咖耳米的斯

Chrysippus，克律西普泼斯

Cicero，西塞罗

Cleophantus，乐奥方托斯

Clinias，克雷尼雅斯

Clitophon，《克雷托丰篇》

Cocytus，叩库托什

Colophon，科罗封

Cynic，犬儒学派

Critias，克里提雅斯

Cynosarges，库诺萨尔哥什

D

Damon，达蒙

Delos，德罗什

Demodocus，德莫哆科斯

Diogenes，狄奥各涅斯

Diogenes，Laertius，第欧根
尼·拉尔修

Dion，狄温

E

Epicharmus，厄辟咖耳莫斯

Epicurus，伊壁鸠鲁

Edmonds，厄德蒙兹

Erasistratus，厄剌西司特
托斯

Ecbatana 厄克巴塔纳

Eretrians，厄瑞特里亚

Eryxias，厄律西亚斯

Ephialtes，厄菲雅尔忒斯

Epicharmus，厄辟咖耳
莫斯

Epicrates，厄辟克剌忒斯

Ethiopia，埃昔奥匹亚

Euboea，优波亚

Eudemian Ethics，《尤德米亚
伦理学》

Eudorus，尤多罗斯

Eurypolemus，尤律普勒莫斯

Euthydemus，《尤绪德谟斯篇》

G

Glaucon，格劳孔

Gobryas，勾布律耶斯

H

Halcyon，亚尔库温

Hecaerge，贺卡艾尔葛

Hecuba，贺卡柏

Helen，海伦

Hera，赫拉

Hipponicus，希普泼尼科斯

Hippotrophus，希普泼特洛
　　福斯

I

Ilisus，伊利梭什河

Isocrates，伊索克拉底

L

Lacedaemon，拉刻代蒙

Laches，拉轲斯

Lais，莱斯

Law，《法规篇》

Libanius，利巴尼奥斯

Lyceum，吕柯昂

Lychnite，吕可尼忒什

Lysimachus，吕西马廓斯

M

Marcia，马尔齐亚

Melesias，枚勒西雅斯

Meno，《枚侬篇》

Minos，《米挪斯篇》

Mitiades，米尔提雅德斯

Mount Lycabettus，吕卡贝特
　　托什山

Muse，缪斯女神

Myrto，幕耳妥

N

Nicomachean Ethics，《尼各
　　马可伦理学》

O

Opis，欧瑟斯

P

Palatine，帕拉提涅

Paralus，帕剌罗斯

Pericles，伯里克利

Persian，佩耳西亚

Phaeax，淮雅克斯

Phaedo，《淮冬篇》

Phaedrus，淮得洛斯

Pharsalus，乏耳萨罗什

Philomela，绯萝梅拉

Phrodicus，普洛狄科斯

Planudean，普拉努德安

Plutarch，普鲁塔克

Pluto，普路同（冥王）

Polybius，泼利比奥斯

Poulytion，浦吕提温

Procne，普洛克涅

Protagoras，《普若塔高剌斯篇》

Polycrates，泼吕克剌忒斯

Pythian，普昔娅

R

Rhadamanthus，剌达曼
叙斯

S

Scylla，丝库尔拉（女海妖）

Scythian，什库昔亚人

Seneca，塞涅卡

Sisyphus，西绪福斯

Sophist，智师

Speusippus，斯彪西泼斯

Stoic，斯多亚派

States，man 政治家

Stratonicus，斯特剌托尼科斯

Stephanus，斯忑法诺斯

Susa，苏萨

Syracuse，绪腊科西亚

T

Thales，泰勒斯

Theaetetus，《塞埃忒托斯篇》

Theages，塞雅葛斯

The king of Persia，佩尔西亚
的大王

Themistocles，塞米司托克
勒斯

Theophrastus，塞奥弗剌司
托斯

Theramenes，舍剌枚涅斯

Thessaly，色石萨利亚

Troy，伊利昂（特洛伊）

Thrasyllos，施剌绪尔罗斯

Thucydides，舒库狄德斯

Timaeus，提迈奥斯

Trophonius，特洛缶尼
奥斯

Tusculan，图斯库兰

X

Xanthippe，克珊昔普沛

Xanthippe，克珊西帕

185

Xanthippus，克桑昔普泼斯

Xanthias，克桑昔雅斯

Xerxes，克色耳克舌斯

Z

Zeus，宙斯

后 记

本书是在我博士论文的基础上修订而成的，其翻译和研究得到国家社科基金项目"柏拉图与古典幸福论研究"（编号12bzx050）的支持。从众多的哲学家中选择柏拉图，再从柏拉图的众多作品中选择《斐多篇》，再到立志聚焦于《柏拉图杂篇》的研究，我都经历了相当艰难的抉择，遭遇了人生的风风雨雨，走过了漫长的"灵魂的奥德赛"的返乡之路。

在此，我想首先衷心感谢我的导师包利民教授，感谢他对我学习、生活的关爱。没有他的指导和鼓励，本书是不可能完成的。其次，我非常感谢林志猛副教授、吴广瑞博士对本译本的校勘及对其他具体细节的建议和修订，感谢中国社会科学出版社的编辑陈彪、凌金良的辛勤审看和精心排版。最后，我真诚感谢浙江大学人文学院古典学研究中心对本书出版的大力支持。

浙江大学外国哲学所博士吴光行

2015 年 12 月 10 日